毎日の食卓に欠かせない

# 「漬物の力」は
# なぜスゴイ？

農学博士　宮尾茂雄　著

# はじめに

「漬物」と言えば、どんなものを思い浮かべますか?

こう聞くと、梅干し、たくあん漬け、味噌漬け、白菜漬け、ぬか漬け……と、さまざまな答えが返ってくるでしょう。あるいは、自分のふるさとに伝わる名産の漬物をあげる人もいるかもしれません。

私たち日本人にとって、漬物は非常に身近な食べ物です。食生活が多様化し、伝統的な日本料理を食す機会が減った現代でも、漬物は、毎日さまざまなかたちで食べられています。

コンビニエンスストアで売っているおにぎりには梅干しや高菜漬けが入っていて、お弁当の一角にはたくあん漬けやしば漬けが収まっています。外食をすれば、お寿司にはガリが、カレーライスには福神漬けが、焼きそばには紅ショウガが添えられています。家庭でも、ぬか漬けや白菜漬け、キュウリの浅漬けなどの鉢盛りが食卓に欠かせないというお宅は多いでしょう。

日本で食べられている漬物は、日本伝統のものばかりではありません。韓国のキムチは、いまやスーパーマーケットの棚に専用コーナーができるほどポピュラーなものとなっています。若者に人気のハンバーガーに挟まっているピクルスも、実は漬物の一種です。こうしてみると、日本人は実に漬物好きだということがわかります。

これほど身近な食べ物なのに、では漬物の実態はというと、意外と知られていないというのが実状ではないでしょうか。

日本は気候に恵まれていて、四季折々にさまざまな野菜が収穫できます。その野菜を海の恵みである塩に漬けこむようになり、日本の漬物は発展してきました。先人たちは、試行錯誤をくりかえしながら、野菜や漬ける期間、漬け床、製法が異なる多くの漬物を生み出してきました。恵まれた自然環境と先人たちの英知が、日本にすばらしく豊かな漬物文化をもたらしたのです。

そんなすばらしい漬物文化に、いま変化が訪れています。消費者の健康志向を受け、漬物は低塩分のものが主流となり、より美しく食べやすい食品へと変貌しました。そして、いま話題の植物由来乳酸菌をはじめとして、漬物には多くの健康機能があることがわかってきました。漬物と言えば「塩分過多」と言われていた時代は過ぎ去り、いまやヘルシーな健康食品としてスポットを浴びているのです。

私たちのごく身近にあり、毎日の食卓に欠かせない漬物。本書でその魅力の奥深さを、存分に味わっていただけたらと思います。

宮尾茂雄

# 目次

目　次

## 第二章 もっと知りたい漬物の魅力

## 第三章　知られざる漬物の健康パワー

序章

# 「漬物は塩分過多」ってホント?

## 「減塩ブーム」の影響は今も

古くから日本の食卓を彩ってきた名脇役、「漬物」。

しかし一九六〇年以降、全国で減塩運動が始まると、漬物を控える人が増えていきました。塩分摂取量が特に多かった秋田県や長野県から、塩分を減らそうという運動が起こり、全国に広まったのです。その「減塩ブーム」の中で、塩辛いイメージの強い漬物は、「不健康な食べ物」として敬遠されるようになりました。

塩分をとりすぎると、高血圧のリスクが高まり、脳卒中や心筋梗塞、狭心症などの血管性の病気が起こりやすくなります。体のむくみが発生し、腎臓疾患の危険性も増します。さらに、胃がんや食道がんのリスクにもつながります。

一九七〇年頃の日本人は、一日一五グラムほど塩分をとっていました。現在は成人一日あたりの摂取量（食塩相当量）の平均値は、男性一〇・九グラム、女性九・三グラムです（「国民健康・栄養調査」令和元年）。

かつての日本人は、たしかに塩分過多だったと言えます。しかし、減塩ブームと健康志向の高まりを受け、私たちは数十年かけて大幅な減塩に成功したのです。

ともあれ、日本では長年にわたり減塩の必要性が叫ばれてきて、多くの人は今でも塩分過多を気にしています。そのため、「塩辛い」漬物は「おいしいけれど、健康には良くない」というイメージが定着していて、今も敬遠されがちなのです。

宮城県にある女子短大の学生を対象にした調査では、漬物のイメージの一位は「漬物より生野菜の方が断然健康によい」、二位は「漬物は塩分が多く健康によくない」

| イメージ | 全体(%) |
|---|---|
| 漬物より生野菜の方が断然健康によい | 30.0 |
| 漬物は塩分が多く健康によくない | 29.4 |
| 漬物は嗜好食品である | 28.7 |
| 漬物は野菜を食べるための調理法 | 27.6 |
| 漬物は食物繊維やビタミン、ミネラルの宝庫 | 17.8 |
| 漬物に含まれる酸は健康によい | 13.4 |
| 漬物は保存食品である | 12.9 |
| 漬物は生活習慣病を予防する上で身体によい | 4.0 |

※宮城県にある女子短大生活科学科に在籍する18-20歳の学生544名を対象に実施（2001年、複数回答）

出典：高屋むつ子ら：日本食生活学会誌,13(2),112-120(2002) より作成

**女子短大生の漬物の嗜好に関する実態調査**

でした（前ページ表参照）。
しかし、はたして漬物は、本当に健康に悪い食べ物なのでしょうか？

## ヘルシーに生まれ変わった現代の漬物

かつての漬物は、一切れでご飯を茶碗一杯食べられるような塩辛いものが少なくありませんでした。野菜が手に入らない冬でも、あるいは野菜が腐りやすい夏でも、安定して野菜を供給できるように、保存性を最優先に作られていたからです。塩分濃度で言うと、かつては一〇パーセント前後のものが主流で、二〇パーセント超のものもありました。

その背景には、今よりも第一次産業に従事する人が多かったこともあります。農業や漁業、林業など、厳しい肉体労働をする人たちが、塩分を多く欲する傾向があったのです。エネルギー源であるご飯をたくさん食べるためにも、塩辛い漬物が必要だったのでしょう。

しかし、今は第一次産業に従事する人の割合が少なくなり、多くの日本人は昔ほど塩分を必要としなくなりました。加えて、減塩運動の影響もあり、かつてのような塩辛い漬物は喜ばれなくなりました。

そこで漬物メーカーは、おのおの研究を重ねて、漬物の塩分を少なくすること（低塩化）に注力しました。こうして日本の漬物は、数十年の間に大幅に低塩化することに成功したのです（下グラフ参照）。

現在市販されている漬物の多くは、塩分濃度が二パーセント前後です。じっくりと熟成させた「古漬け」ではなく、塩分が低い「浅漬け」を中心に供給するようになっ

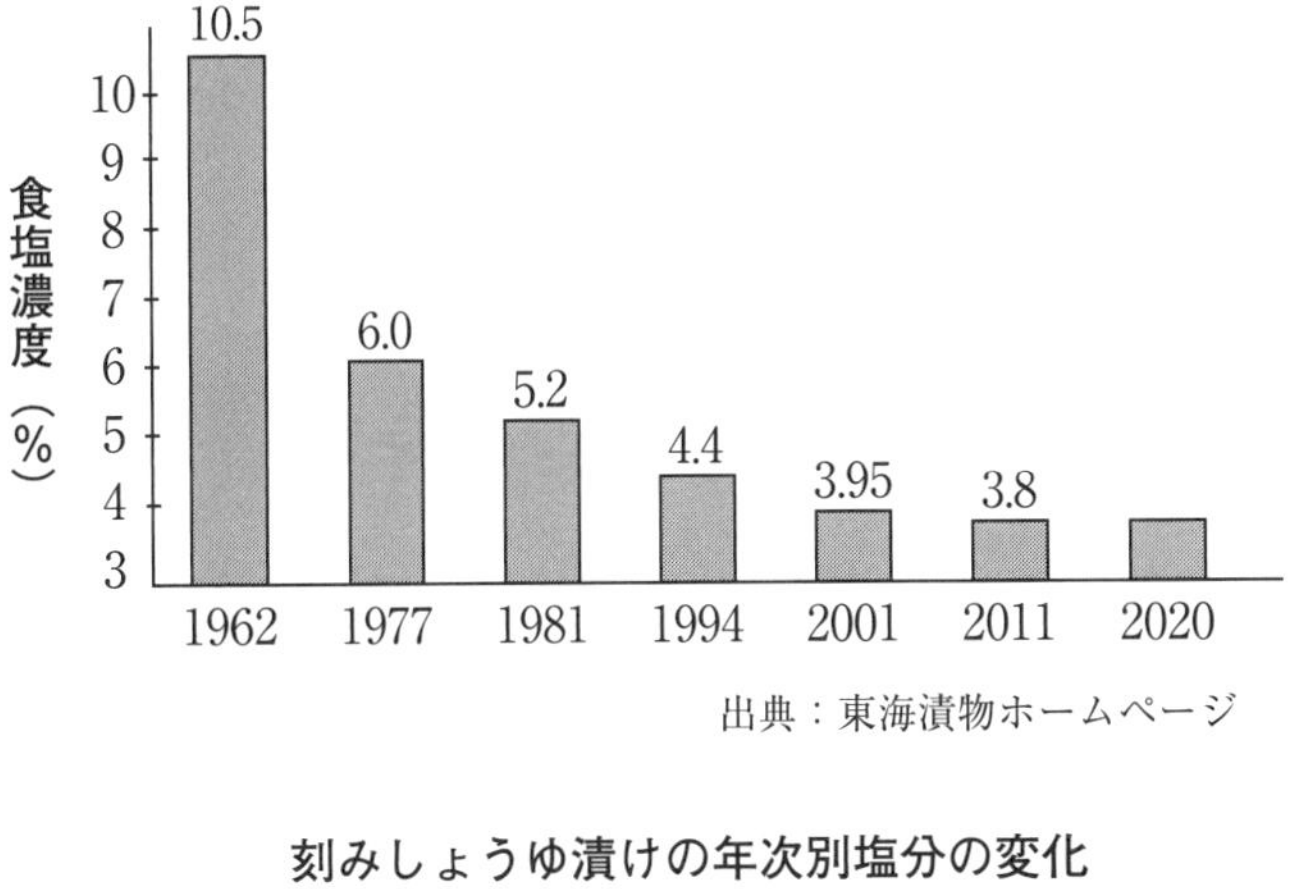


出典：東海漬物ホームページ

刻みしょうゆ漬けの年次別塩分の変化

たことが理由のひとつです。

また、冷蔵設備や流通機関が発達したことに加え、製造過程における抗菌加工技術や包装技術が進化したことも関係します。技術の進歩により、塩分濃度の低い漬物でも、保存性を高めることができるようになったのです。

そもそも、今はほとんどの野菜が年間を通じて流通し、かつ冷蔵庫が各家庭に普及しています。そして今の市販の漬物は、小パック入りで早く食べきれるものが多くなっています。漬物を長もちさせるために塩分濃度を高める必要性は、現代では薄れていると言えます。

つまり漬物は、いまや塩分過多な保存食ではなく、フレッシュでヘルシーな野菜の加工品に生まれ変わったのです。

漬物の塩分を低くすると、野菜本来の味や香りが生かされるとともに、生野菜とは異なる独特の食感が生まれます。また、色素が破壊されにくくなるので、食欲をそそる鮮やかな色あいに仕上がります。

それだけでなく、低塩の漬物には、野菜本来の栄養成分が豊富に残ります。現代の漬物は、見た目や食感はもちろん、健康機能も向上しているのです。

## 「減塩の敵」は漬物ではない

現在の日本の塩分摂取の目標量（食塩相当量）は、成人男性は九グラム未満、成人女性は七・五グラム未満です（「日本人の食事摂取基準」二〇二〇）。先ほど述べたように、摂取量（食塩相当量）は男性一〇・九グラム、女性九・三グラムですから、まだ減塩の必要があることになります。

とはいえ、このうち漬物から摂取している食塩は、〇・四グラム程度、全体の四パ

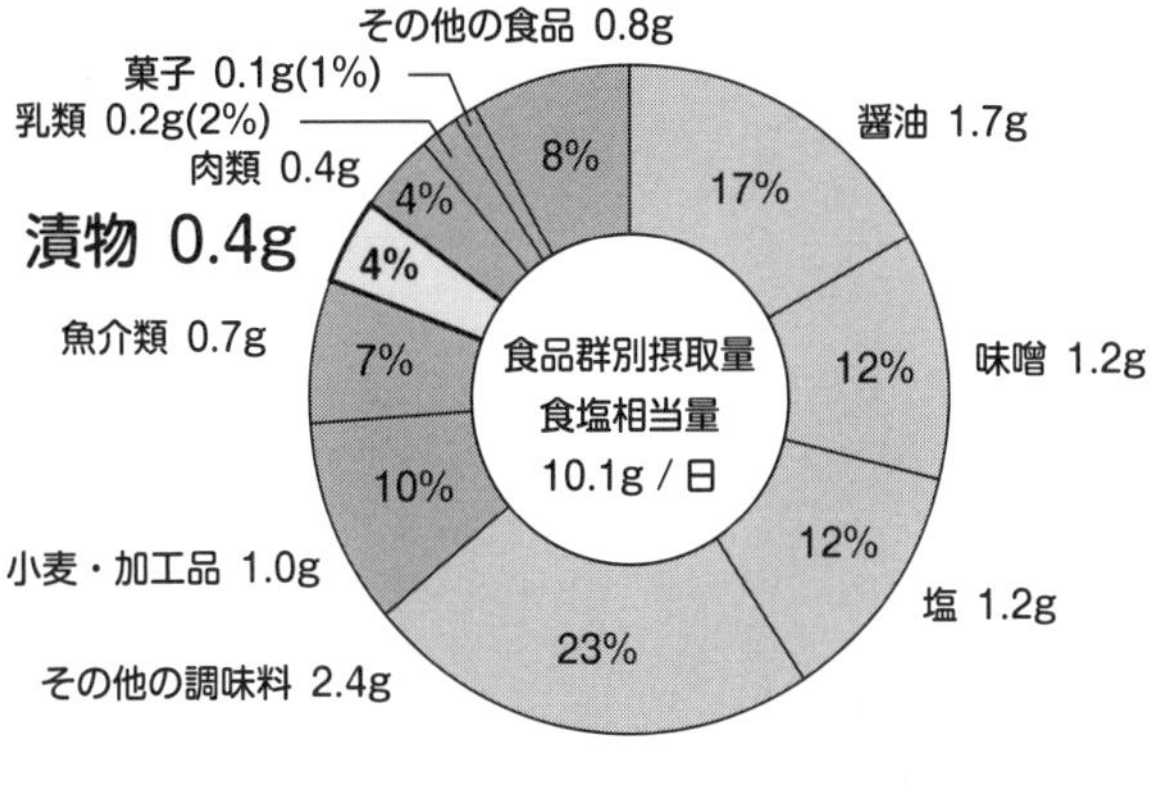


出典：「国民健康・栄養調査」（令和元年）より作成

1日あたりの食品群別食塩摂取量（20歳以上）

ーセントだという調査があります（前ページグラフ参照）。漬物は塩辛い食べ物の代表のように見られ、「減塩の敵」というイメージですが、実はそれほど大きな影響ではないのです。

では、私たちは主に何から塩分をとっているのでしょうか？

グラフを見ると、六四パーセント程度を醤油や味噌、食塩といった調味料からとっていることがわかります。

主な食品の一食分に含まれる食塩量を見ると、そのことがさらにわかります（次ページグラフ参照）。たとえば、とんこつラーメン一杯に含まれる食塩の量は、白菜の塩漬け一食分（小皿一つ分、三〇グラム）の十倍ぐらいあります。十二種類の漬物すべての塩分（一食分）が、はんぺん一枚（一〇〇グラム）よりも少ないことにも注目です。

こうしてみると、塩分を減らすために効果的なのは、漬物を控えることではないと言えそうです。つまり、料理に混ぜたりかけたりする調味料を減らすことが、減塩のいちばんの近道なのです。

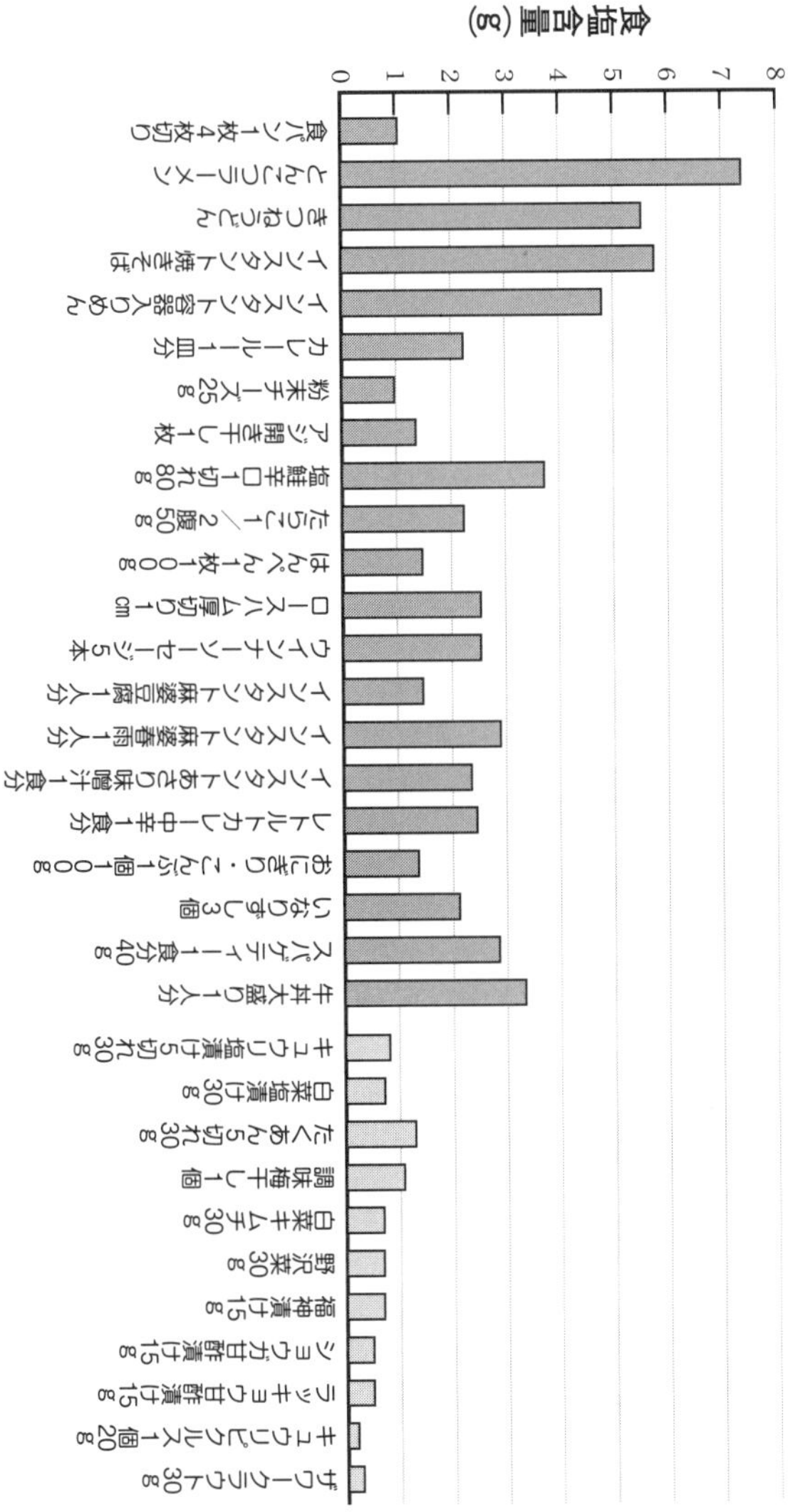


出典：『塩分早わかり』第4版（女子栄養大学出版部、2020）

**主な食品（常食量）に含まれる塩分量**

## 人間の生命を維持する塩分

ここまで塩分を「悪者」のように扱ってきましたが、そもそも塩分は人体に必要な成分です。私たちが生きていくためには塩が欠かせず、それゆえ人類は有史以前から世界中で製塩を行ってきました。

食塩とは、塩素とナトリウムが結合した「塩化ナトリウム」のことです。ナトリウムはミネラルの一種であり、人体の中では主に細胞の外の体液に含まれています。そして細胞内外の浸透圧の調整をしたり、血圧の調整をしたりするほか、神経細胞の情報伝達や筋肉の伸縮などにも関わっています。

日本の通常の食生活では、ナトリウムが不足する心配はほとんどありません。しかし、大量に汗をかいたり下痢をしたりして脱水状態になったときは、血液中のナトリウム濃度が低下して「低ナトリウム血症」に陥る恐れがあります。

低ナトリウム血症の初期は無症状で、中期になると倦怠感や食欲不振、頭痛、吐き気などが現れます。重度になると、筋肉がけいれんし、昏睡状態になり、最悪の場合は死に至ります。熱中症のときは、この低ナトリウム血症になっている可能性があります。

脱水の疑いがある場合、水をたくさん飲む人は多いでしょう。しかし、大量の水が一気に体内に入ると、体内のナトリウム濃度がますます低下してしまうので、かえって危険です。

では、これらの脱水症状が現れたときは、どうすればいいのでしょうか？

水分と一緒に、塩分を摂ることです。そうすれば、ナトリウムが補給されて、低ナトリウム血症は改善します。塩分は、私たちの生命をつなぐ大事な成分なのです。

## 野菜を漬けて栄養効率アップ

塩分には、人体の生理的機能を調整し、生命を維持するという大事な役割があることをお伝えできたかと思います。

しかし、私たち人間にとって何より大事な役割は、「食べ物をおいしくすること」

ではないでしょうか。

　塩がなければ、肉も魚も野菜も、おいしく食べられません。塩味は甘味を引き立て、酸味を抑えます。塩味があるからこそ、私たちの食欲は増進し、さまざまな栄養を摂取することができるのです。

　そして、塩には漬物にとって欠かせない役割があります。キュウリを塩もみにすると、水分が抜けてしんなりと軟らかくなりますね。これは塩が持つ「浸透圧」の作用のためです。

　野菜や肉、魚などの食材は、数えきれないほど多くの細胞からできており、そのひとつひとつが細胞膜に包まれています。食

生のキャベツ100g

塩漬け(塩分1.5%)のキャベツ200g

生のキャベツ(左)と同じぐらいの「かさ」の塩漬けのキャベツ（右）は、重量が２倍。同じかさなら、漬物のほうが多くの野菜をとることができる。

材が塩に触れると、半透膜の細胞膜を通して、細胞内の水分が塩の力で外に引き出されます。水分が減少した細胞には塩水が入りこみ、細胞の中と外の塩分濃度が同等に近づいていきます。これが「浸透圧」という作用です。

この浸透圧によって、生の野菜は「漬物」に変化して、独特の食感と風味を持つようになります。加えて、野菜の「かさ」が減り、たくさん食べられるようになります。つまり、漬物にすると、野菜の栄養を効率的にとれるのです。

漬物には、他にも健康のために優れた点がいろいろとあります。これについては、後の章でお話ししましょう。

## 漬物でカリウムを摂取しよう

これまでお話ししてきたとおり、漬物はヘルシーでフレッシュな食品に生まれ変わりました。それでも「塩分が気になる」という場合は、「塩分を排出する成分」を意識的にとる方法があります。それは「カリウム」です。

カリウムは人体に必要なミネラルの一種で、ナトリウムと同じく細胞内外の浸透圧を調節するほか、筋肉の収縮や神経の興奮性などに関わっています。不足すると脱力感や食欲不振、不整脈などの症状がみられることがあります。もし大量に摂取しても、腎臓から吸収される量が調節されているので、健康な人であれば、摂りすぎになる心配はほぼありません。

そのカリウムの最も重要な役割と言えば、ナトリウムを排出することです。カリウムは、腎臓でナトリウムが吸収されるのを抑制して、排泄を促進してくれるのです。そのため、高血圧の人は特に、カリウムを積極的にとることが推奨されています。

日本の成人一日あたりのカリウム摂取目標量は、男性は三〇〇〇ミリグラム以上、女性は二六〇〇ミリグラム以上（前出「日本人の食事摂取基準」）。しかし、実際の摂取量は全年代で目標量に届いていません（次ページ表参照）。特に四十歳未満の若い世代は、カリウム不足が目立ちます。

カリウムは、海藻類、野菜、果実、豆類、肉や魚介など、多くの食品に含まれます。加工すると減少しやすいので、野菜であれば、生食するほうが効率的に摂取できます。

　そこでおすすめなのが、漬物でカリウムをとることです。漬物は、生野菜と同様にカリウム含有量が多いのです（次ページグラフ参照）。なかには、ぬか漬けのように生野菜の時よりも多くなる場合もあります。

　先にも触れましたが、浸透圧の作用によって、食べづらい野菜はかさが減り、たくさん食べられるようになります。また、硬い野菜が軟らかくなったり、あくが抜けたりして、より食べやすくなります。

　塩分が気になる人こそ、低塩の漬物で上手にカリウムを摂取してはいかがでしょうか。それは、野菜の摂取量を上手に増やすことにもつながります。

| 年齢 | 男性 | | 女性 | |
|---|---|---|---|---|
| | 摂取量 | 目標量 | 摂取量 | 目標量 |
| 20 ～ 29歳 | 2080mg | 3000mg以上 | 1743mg | 2600mg以上 |
| 30 ～ 39歳 | 2100mg | 3000mg以上 | 1896mg | 2600mg以上 |
| 40 ～ 49歳 | 2269mg | 3000mg以上 | 2033mg | 2600mg以上 |
| 50 ～ 59歳 | 2290mg | 3000mg以上 | 2153mg | 2600mg以上 |
| 60 ～ 74歳 | 2569mg | 3000mg以上 | 2529mg | 2600mg以上 |
| 75歳以上 | 2699mg | 3000mg以上 | 2506mg | 2600mg以上 |

出典：「国民健康・栄養調査」（令和元年）

**年代別カリウム摂取量と目標量（1日あたり）**

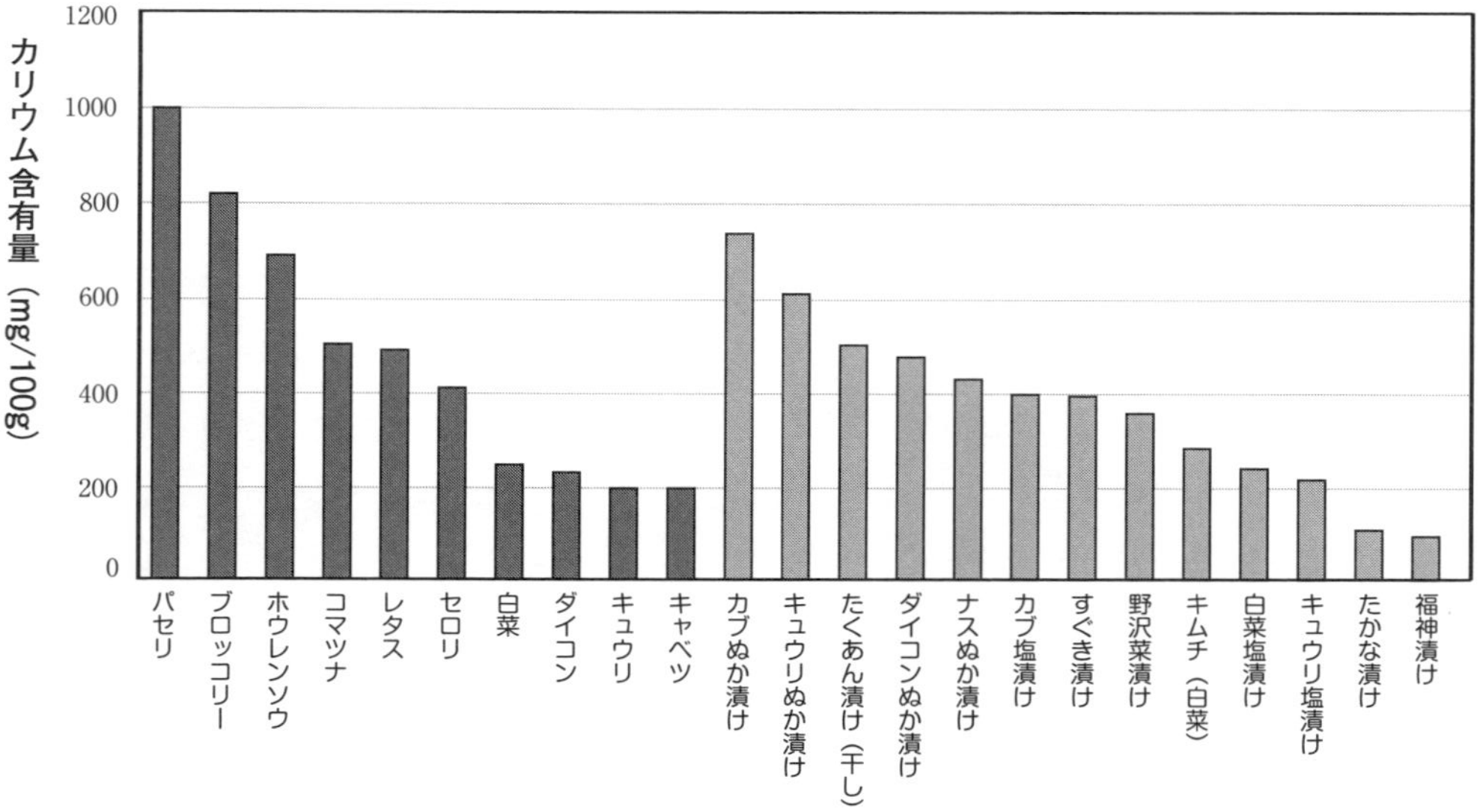


出典：「日本食品標準成分表（八訂）増補2023年」より作成

野菜と漬物のカリウム含有量

第一章

# 食卓の名脇役
# 漬物のプロフィール

## 「漬ける」ってどういうこと？

「漬物」を知らない、食べたことがないという日本人はいないでしょう。白いご飯に味噌汁、そして漬物。この「一汁一菜」で日本食の基本は成立します。漬物は、古くから日本の食文化において重要な位置を占めてきたのです。

そして今でも、漬物は私たちの食卓に欠かせない存在です。では、「漬物」とはどのようなもので、漬物の定義とは何なのでしょうか？

簡単に言うと、「漬物」とは、野菜や肉、魚などを塩、醤油、酢、砂糖などの調味料やぬか味噌、麹《こうじ》、酒粕などの「漬け床」に浸し、味を浸みこませたものです。そのなかでも、日本ではとくに野菜を漬けたものを「漬物」と呼びならわしており、実に多くの野菜の漬物が存在しています。本書では、以降「漬物」と言えば野菜の漬物のことを指します。

前章でも述べましたが、野菜が塩分に触れると、「浸透圧」により細胞内の水分が外に引き出されます。水分が減少した細胞には塩水が入りこみ、細胞の中と外の塩分濃度が同等に近づいていきます。調味料や漬け床に野菜を漬けると、この浸透圧の作用が起こるのです。

「漬ける」とは、つまり浸透圧の作用で食材の水分を引き出し、塩分などを浸みこませることと言えます。

野菜を漬物にすると、「ポリポリ」「コリコリ」「シャキシャキ」といった独特の食感が生まれ、生の野菜にはない味や香りが得られます。その理由は、単に「塩分が内部まで浸透しているから」ではありません。酵素や微生物が働くことによって、漬物に

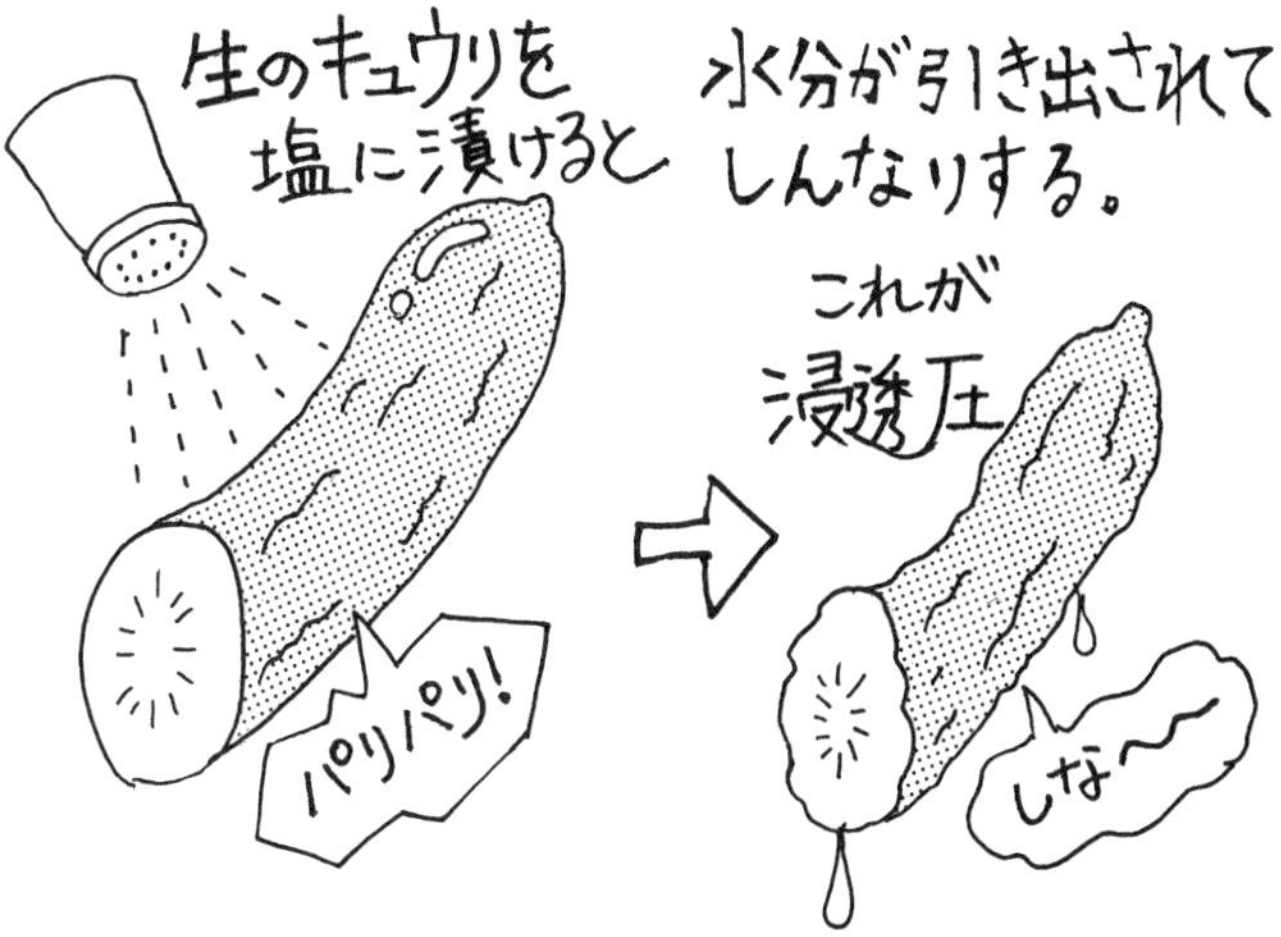

しかない味や香りが生み出されるのです。また、野菜を漬物にすると、より体によい作用がプラスされるというれしい効果もあります。

これから、そんな漬物の魅力をさまざまな角度から紹介していきます。

## 漬物のはじまりは保存目的

漬物は、いつから食べられているのでしょうか？

結論から言えば、「漬ける」という調理法が誕生した時期は正確にはわかっていません。少なくとも有史以前、人類が火を使って調理することを覚えるよりも先だと考えられています。

農耕を始める以前、人類は採集や狩猟、あるいは漁によって食料を得ていました。その土地でその季節に入手できる植物や動物を、毎日とってきては食べていたのです。当然、嵐の日には猟や漁に出かけられず、真冬には木の実や草の葉など収穫できません。食料を獲得できず、飢えに耐える日々も珍しくなかったでしょう。

しかし、やがて人類は「塩」を発見します。それは、たまたま食料を海水に浸けたことから始まったとも言われています。

海水、つまり塩水を使うようになったことで、動物も植物も、よりおいしく食べられるようになりました。それだけでなく、塩水に漬けると食べ物が腐りにくくなることに気づきました。そこで、人々は収穫物や獲物がない日のために、食べ物を塩水に漬けて保存しておくようになります。これが漬物のはじまりです。

やがて、海水から塩を生産する方法が編み出されます。人々は、塩漬けにしておいた食べ物を天日で乾かしたり、ある条件のもとで腐らせたりしても食べられることを発見しました。こうして、漬物は干物作りや発酵といった保存技術に発展していきました。

こういった「保存食品」の誕生は、人類の食生活に劇的な変化をもたらしました。食料を保存できるようになったことで、悪天候の日や冬季にも飢えをしのげるようになったのです。また、保存食品を携帯することにより、遠方へ移動できるようにもなりました。

人類が火を使うことを覚えたのは、その後ではないかと言われています。さらに後に農耕が始まり、食料が安定的に手に入るようになります。

それでもなお、漬物をはじめとする保存食品の製法は、脈々と受け継がれて発展していきました。こうして、世界中にさまざまな漬物が誕生していったのです。

## 中国最古の漬物の記録

中国のもっとも古い漬物の記録は、紀元前三世紀ごろの古文書の数々に残る「塩蔵」を意味する言葉です。もっと具体的な記述が現れるのは、六世紀に書かれた『斉《せい》民要術《みんようじゅつ》』まで待たなければなりません。『斉民要術』は、北魏《ほくぎ》の賈思勰《かしきょう》によってまとめられた全十巻にもおよぶ世界最古の農業専門書です。農業技術や作物の加工法、料理法などが掲載されるなか、漬物の種類や材料、製法について詳細な記述があります。

そこには、「菘（小松菜）・蕪青（カブ）・蜀芥（タカナ）の鹹漬（塩漬け）法」「菘根蘿蔔漬（ダイコンの酢漬け）法」「瓜芥漬（ウリの辛子漬け）法」など、三十種類以上の漬物の作り方が書かれています。また、梅干しとニンニク・ショウガ・陳皮《ちんぴ》・栗・米・塩・酢を練り合わせた「ねり梅」のようなものに魚や肉を漬けこむという調理法が記録されており、すでに梅干しが存在していたことがわかります。

さらに、野菜を梅酢や醤油に漬けこむ「調味漬物」と、野菜に塩を加えて乳酸発酵させた「発酵漬物」も登場します。興味深いのは、すでに酢漬けを調味漬物と発酵漬物に分類していることです。発酵漬物は、このころ酸味料として調理に使われていたことがわかっています。醸造酢が誕生する以前のことで、漬物が現在の酢の代わりを果たしていたわけです。

ちなみに、漬物からはほかにもさまざまな調味料が誕生しています。魚の塩漬けからは魚醤が、豆の塩漬けからは味噌や醤油が生まれました。食料を保存するために始まった塩蔵から、古代人は漬物と調味料の両方を手に入れたのです。

# 日本の漬物の歴史

## ■古代

日本の漬物の起源については諸説ありますが、他のさまざまな文化と同様に大陸から伝わったという説が有力です。

日本でもっとも古い漬物の記録は、八世紀にまでさかのぼります。一九八〇年代、奈良市内の長屋王《ながやおう》邸宅跡地がデパート建設予定地となり、発掘調査を行ったところ、数万点もの木簡が出土し、話題となりました。長屋王（?～七二九）は、天武天皇の孫にあたり、藤原氏に対抗したため自害させられた人物です。

この木簡にはさまざまな料理名や材料名が書かれており、当時の食生活を知るうえで大変貴重な資料となっています。そのなかに、「加須津毛瓜」（ウリの粕漬け）と記載されているものがあり、これが日本最古の漬物の記録となります。漬物の「漬」が「津毛」と表記されていますが、奈良東大寺正倉院にある『写経食料雑物納帳』には

「塩漬」の文字があるので、奈良時代には「津毛」と「漬」の両方の文字が使用されていたものと考えられます。

当時、塩は大変貴重なもので、貴族や高級僧侶といった高い身分でなければ入手できませんでした。塩を使う漬物も、上流階級の食べ物であったものと推察されます。

さらに時代が下って平安時代になると、漬物のバリエーションが増え、「醤漬け」「未醤漬け」「酢粕漬け」「甘漬け」など、多くの種類が登場しました。これについては、『延喜式《えんぎしき》』にくわしく記録されています。

『延喜式』は、醍醐《だいご》天皇時代、延喜五年（九〇五）から二十二年もの歳月をかけて編纂された法令集であり、当時の宮中儀式や年中行事などのようすがわかる貴重な資料です。儀式の宴席などに供された料理について記録されており、漬物の種類や材料名も数多く記されています。それによると、春の漬物の材料としてはワラビ、ナズナ、セリ、ウリ、ニンニク球、ニンニク茎、ニラなどが、秋の漬物の材料としてはウリ、トウガン、大豆、ナス、ミョウガなどが使われています。

一方、天暦元年（九四六）に村上天皇（九二六～九六七）が梅干しと昆布を入れた茶を飲んで病気を治したという記録もあります。このころすでに、梅干しが薬代わりに利用されていたことがわかります。

奈良・平安と貴族文化が栄えるにしたがって、階級社会が本格化し、食文化も成熟していきました。

## ■中世

鎌倉時代になると、禅宗がさかんになり、禅僧たちによって精進料理が食べられるようになりました。質素な精進料理において、漬物は重要な一皿に数えられるものです。そんな背景もあり、漬物文化はますます成熟し、洗練されていきます。

南北朝時代から室町時代にかけて、各地で地方色豊かな漬物が誕生し、より多彩な材料が使われるようになっていきました。室町八代将軍足利義政(一四三六〜九〇)の時代には、いわゆる東山文化が花開き、武家や公家の間で「侘《わ》び茶」が流行しました。

漬物のことを「香の物」と呼びますが、これは侘び茶に端を発しています。当時は香りのよいものを香の物と呼んでおり、茶席で味噌漬けを口直しに用いたことから、味噌漬けを香の物と呼ぶようになったと言われています。一方で、当時流行していた香道を行う際、いろいろな香りをかぎ分ける「聞香《もんこう》」の合間に漬物を食べたことがきっかけだという説もあります。

ちなみに、「お新香」というのは新しい香の物のことで、一夜漬けなどの浅漬けを指します。保存性が低い浅漬けが登場するのは、野菜が豊富に流通する江戸時代まで待たなくてはなりません。

茶の湯の文化は、のちに千利休（一五二二～九一）によって大成されます。茶の湯の隆盛にともない、懐石料理が発展しますが、そのなかで「香の物」は重要な役割を担います。魚などを食べたあと、口の中をさっぱりさせ、気分をリフレッシュさせるために、漬物は欠かせない存在となるのです。

一方、室町時代には全国的にウメの栽培が広まり、梅酢は重要な酸味料として調理にも利用されるようになりました。

## ■近世

戦国時代が終わりを告げ、江戸時代に入ると、漬物の製法はさらに発展し、現在食べられているものとほぼ同じ漬物が作られるようになります。

漬物の代表格のひとつ、「たくあん漬け」は江戸時代に発祥したものです。たくあん漬けの語源には諸説ありますが、よく知られているのが、現在の東京都品川区にある東海寺を開山した沢庵宗彭《たくあんそうほう》禅師（一五七三〜一六四五）の名前からという説です。その説によると、徳川三代将軍家光が東海寺を訪れた際、沢庵禅師が献呈した漬物をたいそう気に入り、禅師にちなんだ名前を付けたとのことです。『書言字考節用集《しょげんじこうせつようしゅう》』や『本朝食鑑《ほんちょうしょっかん》』など江戸時代の多くの書物にも、その由来が「沢庵和尚によるもの」と書かれています。

また、「ぬか漬け」は元禄年間（一六八八〜一七〇四）に誕生したものと考えられています。江戸時代には、米を精米して食べることが一般化し、米ぬかを入手しやすくなりました。そのため、ぬか漬けはすぐに庶民の間に広まり、家庭で作られる漬物の代表格として定着したものと思われます。

この時代、京都や大阪、江戸といった大都市を中心に「香の物屋」と呼ばれる漬物専門店が登場しました。一方で、てんびん棒で漬物を担いで売り歩く人もいたと言います。また、各地で地方色豊かな漬物が開発され、街道筋の茶屋などでお土産として販売されたと伝えられています。

天保七年（一八三六）、江戸の漬物問屋である小田原屋の主人が書いた『四季漬物塩《しお》嘉《か》言《げん》』という漬物専門書が出版されました。ここには、たくあん漬けや梅干し、千枚漬けなど六十四種類もの漬物の作り方が記載されています。

特筆すべきは、出盛り期の野菜を強い塩

分で漬けておき、食べるときに塩抜きをするという「脱塩法」が記されていることです。脱塩法は、世界中で日本にしかない漬物の製法です。現在では、脱塩した後に改めて調味液などに漬けこむ「古漬け」が作られていますが、その前身とも言うべき製法が江戸時代に誕生していたわけです。脱塩法の発明は、漬物の味の多様化を可能にし、日本の漬物文化の発展に大きく寄与するできごとと言えるでしょう。

ほかにも、江戸時代には『料理綱目調味抄』『漬物料理調法集』『守貞漫稿』『江戸町中喰物重法記』など、漬物の製法などを記した書物が数多く出版されました。このことから、一般家庭で漬物がさかんに作られるようになったことがわかります。

## ■近代

明治時代を迎えても、漬物が庶民にとって重要な副食であることに変わりはありませんでした。初夏は梅干し、夏はぬか漬け、秋は冬に備えてたくあん漬けや白菜漬けを作るというのが、各家庭における年中行事として定着していました。

明治初期から、東京など都市近郊農家では、自家製のたくあん漬けや奈良漬けを販売し重要な副収入源とするようになりました。これら農家の副業が、大正、昭和にかけて漬物製造業へと発展していくことになります。

明治十年ごろ、東京台東区の「酒悦《しゅえつ》」の店主・野田清右衛門が「福神漬け」を考案しました。七福神にちなんで七種類の野菜を原料としたこの醤油漬けは、またたく間に評判となって全国に広まり、のちにカレーライスの薬味として定番化しました。

明治三十七年（一九〇四）には、それまで家庭で漬けるものであった梅干しが初めて商品化されます。日清・日露戦争を迎え、軍需用の大量生産が必要になったことから、梅の一大産地である和歌山で梅干しを商業用に生産し始めたのです。

太平洋戦争ののち、漬物の工業生産化はさらに発展し、多種多彩な漬物が市販されるようになりました。包装技術・保存設備・流通機関はどんどん進化して、デパートやスーパーマーケットなどで年間を通じて全国のさまざまな漬物が入手できるようになりました。

昭和六十二年、従来の高塩分による塩蔵・脱塩の工程を経ず、低塩・低温で漬けた「新生姜」が開発されました。脱塩を回避することで、野菜の風味がより豊かな調味漬けの製造が可能になったことは、漬物の新しいジャンルを開拓したものと言えます。

近年は、健康志向により低塩の漬物が主流になっており、新しい材料や製法の漬物が次々と生まれています。

## 漬物の保存性による種類

一般に漬物の種類を「浅漬け」「古漬け」などと言いますが、これは漬ける期間によって呼びならわしている名称です。漬ける期間の長さは、保存性の高さ、すなわち塩分の高さを表します。

塩分を低くすると、野菜本来の風味が生きたフレッシュな漬物ができますが、保存性は低下します。塩分を高くするほど長く保存できるようになり、調味料の味が強くなります。

野菜と調味料の風味のほかにも、発酵によりもたらされる風味があります。漬物の塩分をある一定の濃度に保つと、発酵がうながされます。塩分が低すぎても、高すぎても発酵することはなく、漬物を発酵させるためには、適切な塩分濃度に調整する必要があります。漬物は、発酵することで独特のうま味を増し、保存性が向上します。さらに、発酵食品ならではの健康作用が付加されますが、それについては後でくわしく述べましょう。

ここでは、保存性による漬物の風味のちがいを三種類に分類して紹介します。

## ■野菜の風味が主体の漬物

二パーセント前後の低い塩分濃度で野菜を漬けたもの。野菜本来の歯ざわりや風味を楽しむことができ、色も比較的鮮やかです。いわゆる「浅漬け」がこれにあたり、二、三時間のみ漬ける「即席漬け」や、一晩漬ける「一夜漬け」なども含まれます。漬物業界では「新漬け」と呼び、俗に「お新香」とも言われます。漬けてから時間が経つと風味が損なわれ、腐敗しやすくなるので、長期保存には向いていません。

## ■野菜の風味に発酵味の加わった漬物

乳酸菌などの微生物の働きにより、野菜に含まれている糖分などが変化した漬物。つまり発酵した漬物のことです。発酵により「野菜の風味が主体の漬物」よりも風味が複雑になり、酸味が強くなります。塩分濃度がそれほど高くなくても、発酵により酸性度が強くなり、保存性が高くなります。とはいえ、次にあげる「調味料の味が主体の漬物」ほどは長もちしません。発酵漬物は、乳酸菌や酵母により酸味やアルコール、エステルなどの風味成分が付与されたもので、すぐき漬け、しば漬け、ぬか漬け、たくあん漬けなどがあります。ヨーロッパ、アメリカや中国などでは、この種の漬物が数多くあり、そのまま食すだけでなく、料理の材料としても使われています。

## ■調味料の味が主体の漬物

塩分濃度一五パーセント以上で野菜を漬け、長期間漬けこんだものを必要に応じて流水で塩出しして、醤油や甘酢などの調味液に再び漬けたもの。それにより、塩分は調味液と同じ濃度まで低下します。この種の漬物を「調味漬け」と言い、漬物業界では「古漬け」と呼んでいます。出盛り期の野菜を長期間保存するのに適しており、野菜の風味より調味料の味が強くなります。福神漬けなどの醤油漬け、ガリ（ショウガの甘酢漬け）などの酢漬け、味噌漬け、粕漬けなどがこの分類に入ります。調味液の配合により種々の漬物ができ、配合の加減により漬物の味が決まります。加熱殺菌されているものが多いので、常温でも長く保存できるのも特徴のひとつです。

## 漬け床による種類

漬物には実に多くの製法がありますが、その基本となるのが「塩漬け」です。漬物を作るときは、まず塩漬けにすることで野菜から水分を引き出します（脱水）。この作業を「下漬け」と言います。下漬けで保存した後、必要な時に、いったん流水にさらすなどして塩抜き（脱塩）をし、改めて漬け床に漬け直して作りあげます。下漬けに対して、こちらは「本漬け」と言います。「漬け床」とは、ぬか味噌など漬物を浸す下地のことです。

世界の漬物事情を見てみると、塩漬けや砂糖漬け、酢漬けぐらいしか種類がない国がほとんどで、日本ほど多彩な漬け床がある国はありません。これは、脱塩を行うのが日本だけだからです。脱塩という過程を経ることで、日本の漬物の種類が豊富になったと言ってよいでしょう。

そんなバラエティ豊かな日本の漬物を、漬け床の種類別に見てみましょう。

## ■塩漬け

文字通り、塩だけで漬けたもの。調味漬けにする際の下漬けとして、材料を必ず塩漬けにしますが、低塩で塩漬けしたものをそのまま食す漬物には白菜漬け、高菜漬け、野沢菜漬け、梅干しなどがあります。塩分を少なくすると浅漬け、つまり「野菜の風味が主体の漬物」になり、多くすると古漬け、つまり「調味料の味が主体の漬物」の下漬け（本漬けの前段階）になります。なお、ちょうどよい塩分にすることで意図的に乳酸発酵させることができます。家庭で作る白菜漬けや高菜漬け、野沢菜漬けなどは、漬けこみ期間の短い浅漬けのうちにも、ある程度長期間漬けこんで発酵してから食されるものもあります。

## ■ぬか漬け

米ぬかに水と塩、捨て野菜を加えて発酵させた「ぬか味噌」に漬けたもの。数時間から一晩くらい漬けると食べごろになるので、ぬか漬けのほとんどは「一夜漬け」と言えます。ぬか床への漬け込み時間は、気温によって左右されます。夏は一般的に五時間ほどですが、冬は倍の十時間ほどかかります。

ぬか味噌には独特の酸味とうま味、豊富な栄養成分があり、ぬか漬けにするとそれが野菜に移行します。とくに植物由来の乳酸菌を豊富に含むことから、近年、ぬか漬けへの注目度が上がっています。キュウリ、ナス、キャベツ、ダイコン、ニンジンなどさまざまな野菜が材料となり、昆布や煮干し、柿の皮や唐辛子などが風味付けとして加えられます。たくあん漬けもぬか漬けの一種ですが、こちらは長期間漬けこみます。

■醤油漬け

醤油をベースにした調味液に漬けたもの。福神漬け、やたら漬け、シソの実漬け、鉄砲漬けなどがあり、醤油ならではの濃いべっこう色が特徴です。調味液には酢や砂糖を加えることもあります。

■味噌漬け

味噌をベースにした漬け床に漬けたもの。ヤマゴボウ、ナス、キュウリ、ダイコンなどが材料になります。味噌の名産地である長野や新潟でさかんに作られています。一年以上と長期に漬けこむものもありますが、近年は漬けこみ期間を短縮し、薄味にする傾向にあります。味噌ならではの濃い茶色と香りの高さが特徴です。

■酢漬け

酢に砂糖や塩を加えた調味液に漬けたもの。ラッキョウの甘酢漬けや寿司に添えるガリ、京都の「千枚漬け」などがよく知られています。西洋の漬物・ピクルスにも酢漬けの仲間があります。ヨーロッパでは、さまざまな野菜や魚を酢漬けにして保存します。酢には抗菌作用があるため、酢漬けにすると保存性が向上します。

## ■砂糖漬け

野菜や果物を砂糖に漬けると、塩と同じように、水分が抜けて長期保存が可能になります。食材を砂糖そのものに漬けるほか、砂糖で煮たり、砂糖液に浸したりして作ります。日本では、砂糖が流通するようになった江戸中期から、各地で砂糖漬けが作られるようになりました。梅、カリン、リンゴなど果物を使うものが多くありますが、ショウガ、フキ、ナス、レンコンなどを使った砂糖漬けもあります。

## ■粕漬け

酒粕をベースにした漬け床に漬けたもの。酒粕は、日本酒やみりんの製造過程で発生する固形の副産物で、甘味が強くアルコール分を含みます。酒粕を調味料でゆるめて作る粕床は、魚の粕漬けにもよく用いられます。野菜の粕漬けの代表は、「奈良漬け」

や名古屋名産の「守口《もりぐち》漬け」です。伊豆や信州安曇野などで作られている「わさび漬け」は、漬けこんだワサビを粕床とともに味わうもので、これも粕漬けの一種と言えます。

■麹漬け

麹を使った漬物。麹とは、穀物や大豆に麹カビを付けて発酵させたもので、日本酒や味噌、醤油を醸造する際に利用します。麹には強い甘味があり、漬物に使うと野菜を発酵させ、甘味とアルコール風味を添加します。麹漬けの有名なものには、東京の「べったら漬け」や石川の「かぶら寿司」などがあります。

■からし漬け

和がらしと酒粕を混ぜた漬け床を使った漬物。酒粕の代わりに麹を加える場合もあります。ナス、小ナス、キュウリがよく用いられ、とくに有名なのは山形の「民田《みんでん》なす」のからし漬けです。

## ■その他の新しい漬け床

昔から、一部地域で漬け床に使われていたのは「おから」です。おからと塩を同量ずつ混ぜた漬け床で、山菜や野菜の長期保存のために漬物が作られてきました。現在は塩の量を減らし、冷蔵庫で保存する「おから床」で浅漬けを作る人が多いようです。また最近は、ヨーグルトに塩や味噌を加えて漬け床にする家庭もあります。やはり浅漬けとして冷蔵庫で保存しますが、乳酸発酵のよい香りがします。どちらも、ぬか漬けの香りが苦手な人でも食べやすい漬物です。

## 世界の主な漬物

漬物に親しんでいるのは日本人ばかりではありません。食品を塩蔵して保存性を高める文化は世界各地にあり、その土地の風土に即して発展をとげてきた個性的な漬物は数えきれないほど存在します。

とくに中国は漬物の種類が豊富で、ダイコンやカブなどを発酵させた「パオツァイ

（泡菜）」やハクサイの発酵漬物「スァンツァイ（酸菜）」が有名です。

　また、ヨーロッパでは古くからさまざまな野菜を塩漬けや酢漬け、オイル漬けにして保存する文化があります。肉や魚、果物も漬物にする習慣があります。

　ここでは、そんな世界の漬物の代表例をあげてみましょう。

## ■ザーサイ（中国）

　日本でもおなじみのザーサイ（搾菜・榨菜。ザーツァイとも）は、主に中国四川省で生産されています。材料となるのはカラシ菜の一種で、茎がコブ状に肥大した部分

を使います。それを天日で乾燥させてから、まず塩漬けにします。このとき、重石で水分を搾《しぼ》る（榨）ることから「搾（榨）菜」と呼ばれるようになったと言います。さらに、塩・唐辛子・酒などに加え、多種類の香辛料を使ってじっくりと半年以上漬けこみ、発酵・熟成させます。コリコリとした独特の歯ごたえとややクセのある発酵臭、ピリリとした辛さが魅力です。そのままでは塩辛いので、塩抜きをしてから使います。日本では、食べやすく味付けしたものを一品料理としてそのまま食べますが、中国では主に料理に使います。

■キムチ（韓国）

外国産の漬物で日本人にもっともなじみがあるものと言えば、キムチです。なかでも代表格はハクサイのキムチ（ペチュキムチ）ですが、日本の白菜漬けとは異なり、実に多くの材料を使います。キムチ独特の辛味と色の決め手となる唐辛子をはじめ、牡蠣《かき》やアミなど魚介類の塩辛と魚醤、ニンニク・ショウガ・ネギ・ダイコン・ニンジン・リンゴなどの薬味も加わります。下漬けしたハクサイを、これら多種類の材料とともに発酵させることで、ほかの漬物にはない複雑な風味が生み出されます。ハクサイのほか、ダイコンやキュウリなどでも作られます。

発酵漬物であるキムチには、乳酸菌が豊富に含まれており、その健康機能が注目されています。

**■ピクルス（ヨーロッパ）**

西洋を代表する漬物と言えば、ピクルスです。ピクルスは、塩・砂糖・スパイス・ハーブなどを酢に混ぜて、加熱した調味液で野菜を漬けこんだもので、発酵したものとそうでないものがありますが、いずれも強い酸味と香りが特徴です。

日本でおなじみのピクルスと言えば、ハンバーガーに挟んであるキュウリのピクルスでしょう。カクテルに添えるオリーブもピクルスの一種です。ほかにも、小タマネギ・カリフラワー・ニンジン・セロリなど、ほとんどすべての野菜がピクルスの材料になります。そのまま食べるほか、サラダやスープなどの料理にも利用されます。

■ザワークラウト（ドイツ）

ドイツ料理店でソーセージなどに添えて出されるキャベツの発酵漬物、それがザワークラウトです。「ザワークラウト」とは「すっぱいキャベツ」という意味のドイツ語で、ドイツだけでなく、ヨーロッパのほぼ全域やロシア、アメリカ、アジアでもほぼ同じような漬物が見られます。

千切りにしたキャベツを塩漬けにし、発酵させることで風味をよくします。白ワインやディル・キャラウェイシード・ブラックペッパーなどのスパイスを加えることもあります。乳酸発酵による強い酸味が特徴で、肉料理の付け合わせにするだけでなく、煮こみ料理やスープの材料として利用されます。アメリカでは、ホットドッグに挟んで食べるのが一般的です。

■アチャール（インド）

インド料理店でカレーに添えて出されるのがアチャール。日本のカレーの付け合わせと言えば福神漬けからっきょう漬けですが、インドではアチャールが欠かせません。

タマネギ、ニンジン、カリフラワー、キュウリなどの野菜や果物を刻み、塩とスパイス、酢や油と混ぜます。味がなじめば食べられますが、発酵させると複雑な味を楽しめます。肉や魚のアチャールもあり、スパイスの組み合わせや発酵の具合によって味が変わります。

よく使用されるスパイスは、唐辛子、ターメリック、クミン、マスタードシードなど。カレーに使うスパイスに似ていて、とてもスパイシーな香りがします。

ポルトガル語で漬物を指す「achar（アチャール）」が語源で、福岡県の「あちゃら漬け」も同じだと言われています。

## 漬物は日本人の心のふるさと

これまで見てきたとおり、日本には古くから多種多様な漬物が存在しています。それらは、時代とともにかたちを変えながら脈々と受け継がれてきました。それればかりでなく、日本人は世界の漬物も受け入れてきました。キムチやザーサイ、ピクルスなどは、国内でも大々的に販売されており、私たちの食卓をより豊かなものにしてくれています。

それにしても、日本の漬物の多彩さには目を見はるものがあります。ほとんどすべての野菜が使われ、実に多種類の漬け床が存在し、さらに現在に至るまで新しい漬物が開発され続けている。なぜこれほどまでに、漬物は日本人に愛されているのでしょうか？

最初にもお話ししましたが、日本食の基本は「一汁一菜」。ご飯と汁物のほかは、漬物さえあれば食事が成り立ちます。これは、主食であるご飯によるところが大きいと思われます。野菜を漬ける、ただそれだけの滋味あふれるあっさりした味が、やはりあっさりした米の飯にはぴったりなのです。

日本料理にくらべると、西洋料理や中国料理、アジア各国の料理は、油脂分が多く味が濃厚です。そのようなこってりした料理に合わせる漬物は、たとえばピクルスのように酸味が強くなる傾向があります。ですから、日本の漬物のように「それだけでおかずになる」というものではなく、肉料理の付け合わせにしたり、食材として料理に入れたりすることが多くなります。実際、ピクルスはハンバーガーやサンドイッチに挟んで食べることが多いようです。中国のザーサイやドイツのザワークラウトなども、よくスープや炒め物の材料に用いられるものです。

一方、日本では、古くから漬物を一品料理として扱い、そのまま食べてきました。そのため、日本では「漬物そのものの味」に主眼を置くようになり、世界で類を見ないほど漬物文化が成熟したのではないでしょうか。

「糟糠《そうこう》の妻」という言葉がありますが、これはぬか漬けが「家庭の味」の象徴だからです。どんなに洋食が普及しても、「漬物でお茶漬けを食べるとホッとする」という感覚は、日本人なら誰もが共感できるものでしょう。

また、地方独自の漬物は「ふるさとの味」の象徴と言えます。長野出身の人は野沢菜漬けを、熊本出身の人は高菜漬けを、ときどき無性に食べたくなると言います。漬物は、私たち日本人にとって「心のふるさと」と結びつくものなのです。

これほどすばらしい漬物文化を、次世代に伝えていくために、漬物の魅力をさらに深く学んでみましょう。

ちょっと一服 漬物コラム❶

## 「福神漬け」がカレーのお供になるまで

カレーライスの薬味と言えば「福神漬け」。ダイコン、キュウリ、ナス、レンコン、ショウガなどの野菜を細かく刻み、砂糖などで調味した醤油に漬けたものです。その福神漬けは、いかにして「カレーのお供」の地位を確立したのでしょうか？

前述のとおり、福神漬けは明治十年ごろ、東京台東区の「酒悦」の主人・野田清右衛門が開発しました。同じ時期、西洋料理のレシピ本にカレーライスの作り方が掲載され、やがて食堂でも提供されるようになりました。

またたく間に全国に広まった両者が出会うのは、大正時代。日本とヨーロッパの間を就航していた船の上です。

長旅の船客のいちばんの楽しみと言えば、当時も今も、食事です。客を飽きさせないように、料理の味付けを工夫するのは、料理人の大事な仕事でした。その欧州航路の三等客は日本人が多く、カレーライスが人気メニューでした。

本場インドでは、カレーにアチャール（57ページ参照）のほか、チャツネという薬味をつけます。チャツネはマンゴーなどの果物や野菜を煮詰めたペーストで、赤茶色をしています。その酸っぱさは当時の日本人好みではありませんでしたが、色は福神漬けに似ていました。そこで料理人は、カレーに福神漬けを添えて出したのです。

この新しい組み合わせは、船客たちを大いに喜ばせました。その一人が小林一三。阪急電鉄や宝塚歌劇団などを創業した実業家です。

昭和初期、小林は経営する阪急百貨店の食堂がオープンする際、カレーに福神漬けを添えたメニューを提供しました。これが人気を呼び、「カレーと福神漬け」は全国で定番化していったのです。

# 第二章
# もっと知りたい漬物の魅力

## 野菜をとるならサラダより漬物

あなたは毎日、野菜をどのくらい食べていますか?

厚生労働省では、成人が一日に食べる野菜の目標量を三五〇グラムとしていますが(「健康日本21」)、実際は約二八〇グラムしか食べていないのが現状です(成人平均、「国民健康・栄養調査」令和元年)。生活習慣病予防のために、また美容やダイエットのためには、野菜の豊富なビタミン・ミネラル類を体にとりいれることが非常に重要です。

野菜の栄養をできるだけ逃すことなくとりいれるには、生のまま食べるのがおすすめです。野菜を加熱すると、ビタミンCや酵素などが破壊され、栄養が損なわれてしまうのです。

生野菜なら「サラダを食べているから大丈夫」と言う人は多いでしょう。とくに若い世代には、調理の手間がいらず、おしゃれなイメージのサラダが人気のようです。

しかし、サラダだけで野菜を十分にとれるものなのでしょうか？

こんもりと盛り付けられたサラダは、その見た目のボリュームとシャキシャキした歯ごたえから、いかにも「野菜を食べている」という感覚を味わえます。しかし、実際に使われている野菜の量は意外と少なく、山盛りのサラダをギュッと圧縮するとほんの一握りになってしまいます。サラダの体積のほとんどは、水分と空気なのです。

また、サラダに使われる野菜の種類は多いとは言えません。レタス、キャベツ、ダイコン、キュウリといった生で食べられる野菜が中心で、そのほとんどは淡色野菜で

| | 生で食べる | 加熱して食べる | 漬物にして食べる |
|---|---|---|---|
| 栄養成分 | 損失は少ない | 損失する | 損失は少ない／損失する |
| 食べやすさ | 食べにくい | 食べやすい | 食べやすい |
| 野菜のアクやエグミ | 多い | 少ない | 少ない |
| 野菜の風味 | 残る | 残りにくい | 残る／残りにくい |

**野菜の調理法（生食・加熱・漬物）のメリット・デメリット**

す。淡色野菜とは、緑黄色野菜にくらべてベータカロテンが少ないものです。

一方、漬物に使われる野菜は、青菜やニンジン、アスパラガスなどの緑黄色野菜から、ダイコンやハクサイ、キャベツなどの淡色野菜までと実に多彩です。生のままではアクが強くて食べられないナス、ゴボウなども、漬物にするとアクが抜けて食べやすくなります。こういったアクのある野菜ほど、栄養豊富であるという傾向も見逃せません。

漬物は生野菜から水分を引き出して作られます。その分体積が小さくなっており、栄養もうま味も凝縮されているので、野菜の栄養を効率よくとれます。

漬物は、生野菜の栄養を効率的にとる方法なのだと覚えておきましょう。

## 旬のおいしさをキープする「塩」の力

農業技術や流通網が発達した現代では、真冬でも夏野菜を入手することが可能です。

とはいえ、野菜のおいしさと栄養がピークに達するのは、やはり旬の時期、つまり出盛り期です。

たとえばキュウリの出盛り期には、質のよいキュウリが大量に出回り、価格も安くなります。しかし、いくら安くておいしいキュウリがたくさんあっても、一度に食べられる量はたかが知れています。そこで、出盛り期にはたくさんの野菜が漬物に加工されるようになったのです。

出盛り期の野菜を使うと、おいしくて栄養豊富な漬物ができあがります。おまけに材料費が安くすむので、漬物業者のなかには、出盛り期の野菜にこだわっているところが少なくありません。そんな旬の野菜の味と栄養をキープするのは、塩の役割です。

野菜は、収穫された後でも細胞が呼吸をくりかえし、生命活動を続けています。細胞内の有機成分は、呼吸するたびに消化され、どんどん消耗していきます。収穫してから日が経つにつれ、野菜の味が落ちていくのはこのためです。味だけでなく、野菜の栄養成分もどんどん減少していきます。

ところが、野菜を塩漬けにすると、細胞の生命活動をストップさせることができるのです。野菜の細胞が塩に触れると、浸透圧の作用で水分が引き出されて細胞が死滅します。これを「塩殺し」と言いますが、文字どおり細胞の呼吸を止めることができるわけです。つまり、塩の力で野菜のおいしさと栄養をキープすることができるのです。

また、塩を使うと野菜を腐りにくくすることができます。「腐る」とは、腐敗菌が繁殖し、糖分やたんぱく質などを変化させることにより、風味が著しく低下し、有害物質が生じること。腐敗菌は塩分濃度が高いところでは活動しづらくなる性質をもち、一定以上の塩分濃度のもとでは繁殖しません。塩をたっぷりきかせた梅干しが何十年も腐らないのは、このためです。

とはいえ、塩をたくさん使うと漬物が塩辛くなってしまい、おいしく食べられません。そこで、腐敗菌の繁殖をなるべく抑え、しかもおいしく食べられるように塩の量を加減することが大切です。

序章でも述べたように、塩と言えば、高血圧を招く元凶と言われ悪者扱いされがちです。しかし、塩の成分であるナトリウムは、人体に必要なミネラルです。ナトリウムが不足すると、消化機能が衰えて食欲が低下します。また、脱力感や倦怠感、筋肉のけいれんなどが起こります。炎天下で運動をして汗をかいた場合などは、水分だけでなく塩分を補給しなければ、死を招くことすらあります。

現代の低塩分の漬物で、適度に塩の力をとりいれましょう。

## 「酵素」が野菜を食べやすくする

漬物のなかでも浅漬けは、生野菜の風味や栄養を多分に残しているものです。とくに短時間で漬けあげる「一夜漬け」や「即席漬け」などは、塩味がほのかでみずみずしく、フレッシュな感覚で食べられます。

しかし、たとえ短時間でも「漬けた」野菜には、塩味だけでなく、生野菜にはない風味、いわば「漬物らしい味」が付いています。その正体は何なのでしょうか？

生野菜の細胞のなかには、「酵素」があります。酵素とは、たんぱく質を主体とする高分子化合物で、すべての生物の細胞内で合成されます。人体の中でも作られますが、人間にとっては食物から摂取する酵素も非常に重要です。

たとえば、ダイコンに含まれるジアスターゼは、私たちの体内で消化を助ける酵素として知られています。ほかにも、食物に含まれる酵素にはグリコシダーゼ、オキシダーゼ、カタラーゼ、アミダーゼなど非常に多くの種類があり、それぞれ人体に有効なさまざまな作用をもたらします。

繰り返しますが、野菜を塩漬けにすると、浸透圧の作用により細胞膜内の水分が外に引き出される「塩殺し」の状態になります。塩殺しにすると、細胞が死滅します。すると、細胞内の酵素が働きだして、さまざまな有機成分を分解し始めます。この働きにより、生野菜独特の青臭さやエグミなどが薄れて、独特のこなれた風味が生み出されるのです。これが「漬物らしい味」の正体です。

一夜漬けや即席漬けは、塩分濃度が一～二パーセントと低いものです。塩分濃度が高くなると、酵素は働きにくくなります。浅漬けが短時間でも漬物らしく、おいしくなるのは、酵素がさかんに有機成分を分解しているからなのです。

## 発酵させればうま味がアップ

フレッシュ感のある漬物のおいしさとは別に、発酵した漬物にも独特のおいしさがあります。発酵漬物には、ぬか漬けやたくあん漬け、京都のすぐき漬けやしば漬けなどがあります。白菜漬けや野沢菜漬け、高菜漬けなどは、漬けてから日が浅いフレッシュなものも食されますが、発酵してすっぱくなったもののほうを好む人が少なくありません。世界を見わたしても、ザーサイやキムチ、ザワークラウトなど、よく知られている漬物には発酵したものが多いことがわかります。

発酵とは、ごく簡単に言えば、微生物が食物の糖分などを分解、変化させて、アルコールや酸、ガスなどの化合物を生成すること。微生物には、食べ物を腐らせる腐敗菌以外に、人体に危害を加えることなく有効に働く菌、「有用菌」があります。発酵に利用されるのは、有用菌のほうです。

日本人は、古くから有用菌の力を利用して醤油や味噌、酒などさまざまな発酵食品を作ってきました。発酵漬物もそのひとつです。食物を発酵させると、不思議とおいしくなり、長もちすることがわかったのです。そこで、人為的に発酵をうながすようになったのでしょう。そのうえ、発酵食品は健康にもよいのですが、それがわかったのはずっと後の時代です。

発酵した野菜には、複数の有用菌や、有用菌に生み出された乳酸などの有機酸や香気成分、酵素などが含まれます。それらは、野菜と調味料の味よりもはるかに複雑な味と香りを生み出し、漬物をより味わい深くします。

漬物を発酵させる有用菌の主なものは、乳酸菌です。乳酸菌と言えば、乳製品の製造に使われる微生物と思われがちですが、実は植物由来の乳酸菌もあるのです。漬物を発酵させるのは、野菜の常在菌である「植物由来の乳酸菌（植物性乳酸菌）」の力です。乳酸菌は、酸の力で食品の保存性を高め、漬物に適度な酸味をもたらします。

乳酸菌のほかにも、漬物には酵母という有用菌が含まれています。酵母は、ぬか味噌に多く含まれており、ぬか漬けやたくあん漬けの風味を生み出すもととなっています。また、麹漬けや粕漬けなどは、漬け床の材料となる麹や酒粕じたいが発酵食品であるため、発酵によるうま味を野菜に含ませた発酵漬物と言えます。

　これら有用菌は、塩分濃度が高すぎる場所では繁殖しません。かといって、塩分濃度が低すぎると腐敗菌も繁殖してしまいます。腐敗を抑えながら発酵をうながすことができる、そんなちょうどよい塩加減を見極めるために、私たちの祖先は何度も試行錯誤をくりかえしたのでしょう。その塩加減は、気温や湿度などによって微妙に異なるので、相当困難な道のりだったのではないかと想像されます。

　発酵漬物とは、そんな先人たちの英知が生み出したすばらしい食文化なのです。

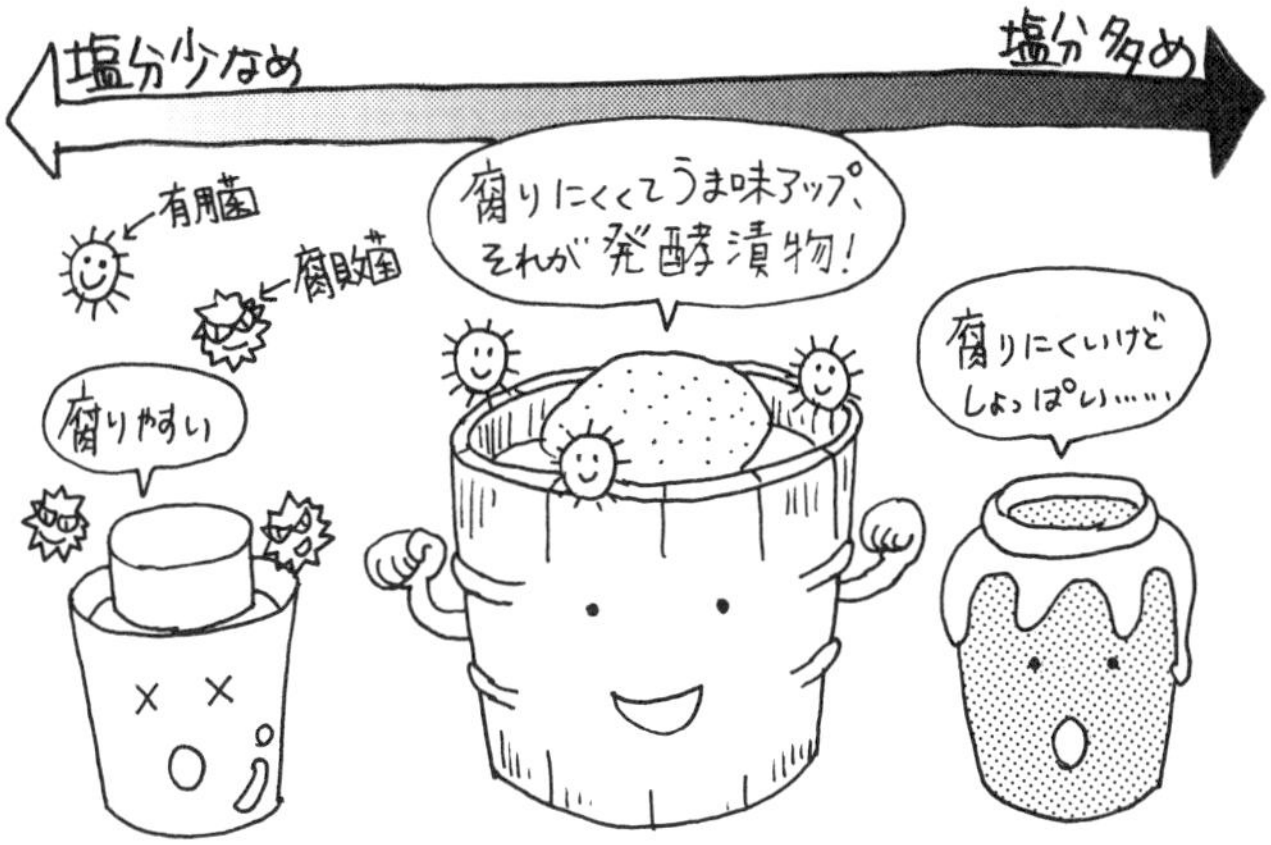

## よく噛むことで集中力アップ

漬物の魅力のひとつに、独特の食感があげられます。たとえばキュウリなら、漬ける期間が短いものは生野菜に近いシャキシャキとした食感ですが、古漬けになると、ポリポリ、コリコリといったしっかりした歯ごたえになります。脱水した野菜は組織が引き締まり、生野菜よりも硬くなるのです。しかしなかには、梅干しのようにだんだん軟らかくなる漬物もあります。

歯ごたえのある漬物の代表と言えば、昔ながらの製法で作ったたくあん漬けです。たくあん漬けは、漬ける前にダイコンを干してしっかりと水分を抜くので、仕上がりはなかなか噛み切れないほど硬くなります。高菜や広島菜の古漬けなどは、一見軟らかそうですが、繊維質がしっかりしており、やはり何回も咀嚼《そしゃく》しなければ飲みこめません。

実は、この硬さこそが、現代の日本人に必要なものなのです。

かつて日本人は、目刺しや切干大根、きんぴらごぼう、豆や海藻のおかずなど、歯ごたえのあるものをよく食べていました。しかし、食の欧米化が進むにつれ、ハンバーグやコロッケ、スパゲティなど軟らかい食べ物が中心となり、硬い食べ物が嫌われるようになりました。その結果、現代人の噛む回数は極端に減り、あごの力が弱くなってしまったと言います。若い世代に顎関節症《がくかんせつしょう》が多いのは、あごが脆弱《ぜいじゃく》になって歯並びが乱れてしまったことが一因だと考えられています。

よく噛むことは、脳の満腹中枢を刺激して、食べすぎを防ぐこと、ひいては肥満を予防することにつながります。また、満腹中枢とともに記憶をつかさどる海馬《かいば》が活性化することで、頭の働きがよくなります。野球選手が試合中にガムを噛んでいるのは、集中力を増すためだと言われています。

咀嚼回数が増えると、唾液《だえき》がよく出ます。唾液には、消化を促進する、虫歯を防ぐ、味覚を鋭くするといった多くの作用があります。がんの要因と言われる活性酸素を抑制する働きもあります。

このように、噛むことは、体にも脳にも非常によい効果をもたらすのです。ぜひ毎日の食事に漬物を加えて、噛む力を付けるようにしましょう。とくに子どもには、よく噛んでゆっくり食べる習慣をつけさせたいものです。

## 美しい色で食欲も健康も増進

漬物のなかには、色鮮やかで、いかにも食欲をそそるものがあります。多くは野菜本来の色を生かした浅漬けですが、なかには漬物ならではの色あいをもつものもあります。ここでは、そんな漬物の「色」の魅力に着目してみましょう。

たくあん漬けの色と言えば、誰もが黄色だと答えるでしょう。でも、考えてみたらダイコンじたいは白いのに、なぜたくあん漬けは黄色なのでしょうか？　市販のたくあん漬けには、わざわざ黄色に着色したものもありますが、これには理由があるのです。

ダイコンを漬けると、辛味成分と発酵過程で生み出されるアミノ酸の一種が結合し、黄色の物質を生成します。この物質は、長期間漬けるほど色が濃くなり、漬けすぎると褐色になっていきます。つまり、ちょうどよく漬かったおいしいたくあん漬けは黄色なのです。

しかし、この色素は自然光に当たると色あせてしまいます。たくあん漬けを販売する際、樽の表に出ている面だけ白くなり、色ムラができてしまうのを避けるために、着色するようになったと言います。

たくあん漬けの着色には、天然の植物であるウコンが多く用いられます。ウコンはショウガ科の植物で、その色素はクルクミンという抗酸化物質です。抗酸化物質とは、体内の活性酸素を除去して老化やがんを予防する役割をもつものです。たくあん漬けを着色することで、色素のもつ健康作用を添加しているとも言えます。

一方、ナスの漬物は、野菜の色素のもつ作用を最大限に生かす加工法と言えます。ナスの紫紺色は、ポリフェノールの一種であるアントシアニン系のナスニンという色素によるものです。ナスニンは、強い抗酸化力をもち眼精疲労の回復に役立ちますが、水や熱に弱いので、調理すると失われがちです。そこで、漬物にはナスニンを安定させる鉄分を含むクギやミョウバンを入れて色止めをします。ナスの漬物の鮮やかな色は、見た目だけでなく、健康にもよいものなのです。

また、梅干しを作るときにできる梅酢には、赤ジソの色素であるシソニンが含まれていて、鮮やかな赤紫色のもととなっています。シソニンもアントシアニン系の抗酸化物質で、細胞を活性化させる働きをもち、皮ふや血管の老化防止に役立ちます。この作用は、梅干しはもちろん、しば漬けや紅ショウガなど、梅酢を再利用して作られる漬物にも添加されます。

奈良漬けは濃い茶色をしていますが、材料のウリも粕床も、もともと茶色ではありません。これは、粕床が発酵する過程でアミノ酸と糖が反応し、褐色物質メラノイジンができるからです。メラノイジンには、細胞膜を丈夫にし、ビタミン・ミネラル類の吸収を助ける働きがあります。コレステロール値を下げ血糖値を正常に保つ作用もあるので、生活習慣病予防にも効果的です。

かつての市販の漬物は、人工着色料を使用したものが少なくありませんでした。しかし、現在は消費者の天然志向が高まり、業界の努力もあって、天然色素が生かされる傾向にあります。

## おいしさをプラスする名脇役たち

漬物の風味は、基本的に材料の野菜と調味料、そして発酵によってもたらされます。そこにプラスアルファの刺激やうま味、香りを添えるのが、香辛料や香味野菜などの副材料です。

漬物には、唐辛子やシソ、ユズ、ミョウガ、ニンニクなどさまざまな香辛料類が加えられ、シンプルな漬物に豊かな風味が添えられます。西洋のピクルスにも、ペッパー、マスタードシード、ローリエ（月桂樹）、クローブ、ディルなどのスパイスや

ハーブが必ずといってよいほど加えられます。ピクルスの場合は、スパイス類を効かせることで肉料理やチーズなど脂肪分の多い食べ物との調和をはかっているのです。

香辛料類は、ときとして漬物のおいしさの決め手となり、それぞれのもつ健康作用が漬物に付加されます。そんな名脇役の代表をあげてみましょう。

■唐辛子

ぬか漬けやたくあん漬け、醤油漬けなどにピリッとした辛さを加え、保存性を高める役割を果たすのが唐辛子です。漬物には、「鷹の爪」と呼ばれる赤唐辛子を乾燥させたものがよく使われます。

唐辛子の辛味の正体は、カプサイシンという成分です。カプサイシンは、唾液や胃液の分泌をうながす作用があり、食欲増進、消化促進に役立ちます。辛いものを食べると顔がほてって汗が出ますが、これはカプサイシンが血管を拡張して血流がよくなり、エネルギー代謝が活発になっているからです。

唐辛子には抗菌・防腐作用があり、漬物に入れると腐敗菌の繁殖を防いでくれます。

漬物以外にも、いろいろな食品の保存性を高めるために利用されます。米びつに唐辛子を入れておくと虫が付かないというのは、昔からの生活の知恵です。

一方、韓国のキムチのように、唐辛子を味付けの主役にした漬物もあります。

## ■昆布

昆布は香辛料ではないのですが、漬物の風味付けに非常によく使われます。乾燥したものをぬか漬けや白菜漬け、千枚漬けなどに加えて漬けこみます。

昆布は食物繊維やカルシウム、鉄分など栄養が豊富な食品ですが、漬物に利用するのはグルタミン酸の宝庫だからです。グルタミン酸とは、昆布だしのうま味のもととなるアミノ酸の一種です。ちなみに、日本料理のだしをかつお節と昆布でとるのは、かつお節のイノシン酸と昆布のグルタミン酸という二つのうま味成分を、相乗効果で高めるのが狙いです。

漬物に乾燥昆布を入れることで、淡白な野菜の味にグルタミン酸のうま味を添加することができます。また、乾燥昆布は水分を得るとぬめりが出ます。千枚漬けや松前漬けなどは、昆布のぬめりが糸を引くのが特徴で、これがおいしさのひとつとなっています。

■シソ

梅干し作りに欠かせない赤ジソの葉は、塩漬けにすると鮮やかな赤紫色が際立つことから、さまざまな漬物に着色料として利用されます。色だけでなく、独特の香りが漬物の風味を際立たせる大きな魅力となっています。また、抗菌作用があるので、保存性を高める役割も果たしています。

シソの葉だけでなく、シソの実も漬物にします。塩漬けなどにするとプチプチとした食感が楽しめます。シソの実にも抗菌作用があり、実が熟す前の穂ジソは刺身のつまに添えられます。魚の生臭さを消すと同時に、食あたりを予防するためです。

■ユズ

ユズは、日本でもっとも多く生産され、消費されるかんきつ類です。産地のなかでは、とくに高知県馬路村《うまじむら》が有名です。日本料理には欠かせない存在で、果汁だけでなく、皮も薬味として利用します。初夏には熟す前の青い実が、秋以降には完熟した黄色い実が使われます。

漬物では、白菜漬け、ダイコンやカブの甘酢漬け、各種調味漬けなどに加えられます。皮ごと加えることで、果汁の酸味と皮の香りの両方が添加され、漬物にさわやかな風味をもたらします。

クエン酸とビタミンCが豊富に含まれ、疲労回復や肌を整える効果があります。また、果皮に含まれるリモネンという成分には、リラックス効果があります。

## ■ショウガ

世界中でさまざまな料理や菓子に使われている香辛料。葉ショウガも食しますが、主に肥大した地下茎を利用します。丸のまま酢漬けや味噌漬けにもしますが、細く刻んで漬け床に混ぜると、ピリッとした辛みと鮮烈な香りが食欲をそそります。

キュウリやダイコン、白菜やナスの浅漬けによく合います。また、ショウガに含まれる辛味成分のジンゲロールは、血行促進作用を有するので、体を温める効果があります。

## 漬物の代表選手のプロフィール

### ■梅干し

日本では、昔から梅干しは万病に効く薬と考えられており、自家製のものが各家庭に常備されていました。腹痛のときはおかゆに入れ、風邪のときは黒焼きにして食べるなど、梅干しはさまざまな民間療法に使われていたのです。また、昔の日本人のお弁当と言えば、白飯の真ん中に梅干しを入れた日の丸弁当が定番でした。梅干しは、日本人がもっともお世話になってきた漬物と言ってよいでしょう。

ウメは全国各地で栽培されていますが、和歌山の南部、神奈川の小田原市、九州の豊後《ぶんご》・日向《ひゅうが》地方などが名産地としてとくに有名です。梅干しには、中くらいの大きさの完熟したウメが使われることが多いのですが、大粒の青ウメや小ウメを利用した塩漬けや砂糖漬けなども生産されています。

梅干しを作るのは、非常に手間がかかる仕事です。一般的な赤ジソを使う梅干しは、梅雨の時期から作り始めます。まずウメのヘタをひとつずつ竹串で取り除き、よく洗ってから一晩水に浸け、アクを抜きます。水気を切って塩をまぶし、重石を載せ漬けこみます。数日後に水が上がってきますが、この水を「白梅酢」と言います。

七月中旬くらい、赤ジソが出回るころに本漬けに入ります。赤ジソの葉を摘んでよく洗い、塩もみしてアクを抜きます。きれいに洗った赤ジソを白梅酢でもみます。こうすると、鮮やかな赤紫色に発色した「赤梅酢」ができます。ウメの容器に赤梅酢を戻し、赤ジソでふたをして重石を載せて漬けておきます。

七月下旬から八月上旬の間の晴天の日に、ウメを天日で干します。雨を避けて三日間干したものを、赤ジソと交互に容器に入れ、赤梅酢で再び漬けこみます。食べごろを迎えるのは、ちょうど半年後くらいです。

このような伝統的な製法の梅干しのほか、現在は本漬けのあと脱塩して調味液に漬けた「調味漬け」や、干さずに本漬けの状態で食べる「梅漬け」など、新しいウメの漬物も誕生しています。ほとんどのものは、時代に即して塩分控えめになっています。

■たくあん漬け

十七世紀、沢庵宗彭禅師にちなんで命名されたと言われるのがたくあん漬けです。前にも述べたとおり、東海寺を訪れた徳川三代将軍家光に、沢庵禅師がダイコンの漬物を献上したのが命名の由来だとされています。ほかにも、沢庵禅師の墓石が丸い石でたくあんの重石に似ているからという説や、「貯え漬け」が転じて「たくあん漬け」になったという説があります。

江戸時代には、米の流通や精米技術が発達し、米ぬかが入手しやすくなったため、ぬか漬け作りが浸透したと言われています。たくあん漬けも米ぬかを使う漬物なので、

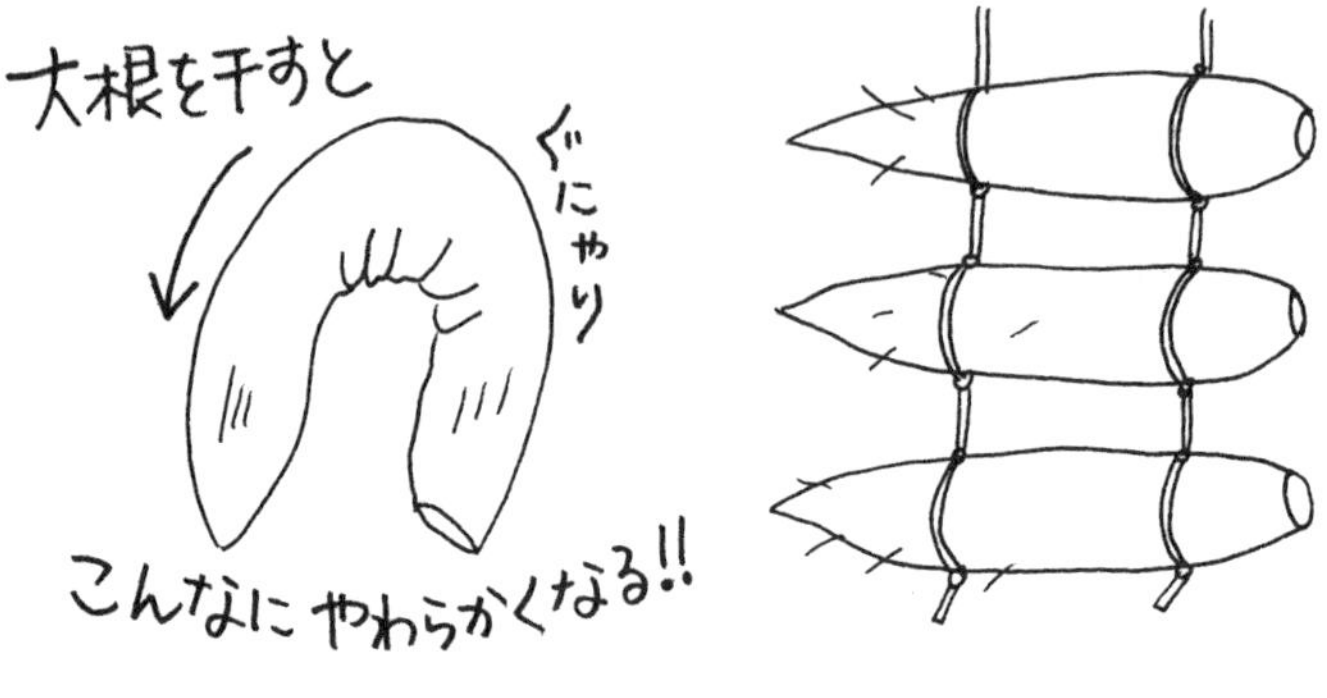

大根を干すと
ぐにゃり
こんなにやわらかくなる!!

東海寺の僧侶にちなんだダイコンのぬか漬けの作り方が、庶民の間に広まっていったのでしょう。

こうして関東から広まったたくあん漬けですが、現在では全国各地で特色のあるたくあん漬けが作られています。たくあん漬けの名産地は、もともとダイコンの産地であるとともに、ダイコンを乾燥させるのに適した気候のところが多いようです。古くから有名なのは、愛知の「渥美たくあん」、三重の「伊勢たくあん」などです。

昔ながらのたくあん漬けは、ダイコンを天日干しにするところから始めます。U字状に曲がるくらい水分の抜けた干しダイコンを、米ぬかと塩を混ぜたものと交互に重ねて、重石をして漬けこみます。米ぬかとともに、干した柿の皮や唐辛子なども風味付けとして加えます。干しダイコンを使うことで、ふつうの漬物より歯ごたえよく仕上がるのが特徴です。

秋田名産の「いぶりがっこ」は、屋内の囲炉裏の上でダイコンを乾燥させます。秋田では外気温が低すぎてダイコンが凍ってしまうからです。囲炉裏の煙によって燻製《くんせい》のような香りが付きます。

東京発祥の「東京たくあん」は、ダイコンを干さずに塩で下漬けし、脱塩したあと米ぬか、もしくは調味液で漬けるものです。昭和三十二年ごろから始まったこの製法は、加工時間を大幅に短縮できるので、またたく間に全国に広まりました。現在は、市販のたくあん漬けの主流となっています。

## ■白菜漬け

冬においしい漬物と言えば、白菜漬けです。ハクサイを塩漬けにするというシンプルな漬物ながら、全国的に人気が高く、家庭でもよく作られます。冬になると、白菜漬けでご飯を巻いて食べたくなるという人も多いのではないでしょうか。

これほど親しまれている白菜漬けですが、実は明治以降に生まれた歴史の浅い漬物です。中国野菜のハクサイが日本に渡来したのは江戸時代とされていますが、日清・日露戦争で中国に出兵した軍人たちが種を持ち帰ったことから、広く栽培されるようになったと言われています。

ハクサイの旬は冬です。霜がおりてハクサイの甘味が増し、市場にたくさん出回るころが、白菜漬けを作るベストシーズンでもあります。

白菜漬けを作るときには、まずハクサイを半分、もしくは四分の一に割いて洗い、天日で干します。干すことにより甘味が増し、しんなりとして容器の形に添わせやすくなります。半日から一日干したあと、葉の間、軸の部分にまで塩をすりこんで容器に並べていきます。塩を振りながら重ねていき、最後に重石を載せます。水が早く上がるように、呼び水（差し水）を入れることもあります。好みで昆布や唐辛子、ユズなどを入れて風味を付けます。

三日目くらいから食べられますが、一週間くらいで食べきるのがよいとされています。白菜漬けは基本的に長期保存に適していないので、残った分は密閉容器に移し、冷蔵庫に保存することが必要です。長期間漬けこむと発酵が進み酸味が出てきて、まもなく漬け汁が白く濁り始めます。とはいえ、白く濁り始めたころのすっぱくなった白菜漬けを好む人も多く、料理に使うのにはむしろ適しています。

市販の白菜漬けには、外側が緑色で芯が黄色の品種や、内部がオレンジ色の品種などが使われ、色あいのよさを重視する傾向があります。

## ■日本三大菜漬け―野沢菜漬け・広島菜漬け・高菜漬け

地域特産の青菜を使った漬物は全国各地で作られていますが、なかでも有名なのが長野の野沢菜漬け、広島の広島菜漬け、九州の高菜漬けです。この三種は、「日本三大菜漬け」と呼ばれています。北から順に、その特徴を見てみましょう。

### 野沢菜漬け

野沢菜は、信州野沢温泉村原産のカブ菜の一種です。カブと言っても根はあまり成長せず、葉と茎が大きくなります。クセのない味で、繊維質が少なく茎まで軟らかいのが特徴です。十八世紀、野沢温泉村の健命寺住職が関西より持ち帰ったカブ菜が起源だと言われています。

野沢温泉では、晩秋に収穫した野沢菜を温泉の湯で洗い、薄塩に漬けます。野沢菜を洗うことを「お菜洗い」と呼びますが、近所の人たちが公衆浴場に集まってお菜洗いをする光景は、信州の冬の風物詩と言えます。

野沢菜は、漬けて二週間後くらいから春まで、少しずつ取り出しては食します。春までじっくり熟成させた野沢菜漬けは、乳酸発酵により酸味を増し、べっこう色に変色しています。塩漬けした後に、いったん取り出して醤油や味噌で調味漬けにする場合もあります。

市販の野沢菜漬けは鮮やかな緑色をしていますが、地元ではべっこう色になったものが喜ばれます。べっこう色のすっぱい野沢菜漬けは地元でしか食べられず、長野を訪れる観光客の楽しみのひとつとなっています。

## 広島菜漬け

広島菜は、広島市の太田川流域を一大産地とする青菜で、ハクサイの一種です。葉の幅が三〇センチほど、長さが五〇センチほどと非常に大きく、一株の重さは二～三キログラムにもなります。ハクサイのように、葉の芯の部分が幅広く、歯ごたえがあり、ピリッとした辛味をもちます。十七世紀ごろ京都からもたらされた葉野菜が変化したものだと考えられており、もとは京菜と呼ばれていました。

晩秋から年末にかけて収穫された広島菜は、水洗いした後に塩で下漬けします。一か月半ほど経ち水が上がってくるころに、取り出して水洗いして本漬けします。本漬けでは、昆布や唐辛子、麹などを加えて風味を添加します。十日後くらいから食べられますが、一か月以上経ってべっこう色になったものが味わい深いと言われます。地元では、広島名産の牡蠣料理に添えられることがよくあります。

## 高菜漬け

「タカナ」の名は、古くは『新撰字鏡《しんせんじきょう》』（八九八～九〇一年ごろ）や『延喜式』（九二七年）に見ることができ、平安時代に中国から渡来したものと考えられています。現在の高菜は、明治時代に中国四川省から入ってきた青菜《セイサイ》という幅広肉厚の葉野菜が、和歌山と三重の県境や福岡、山形などに根付いたものです。これらの地域は、現在も高菜の名産地となっています。

高菜はカラシ菜の仲間で、葉は大きいもので六〇センチ以上にもなります。ワサビに似た辛味があり、生のままではアクが強いので、主に漬物に加工されます。

九州では、昔から高菜は古漬けにするのが一般的で、乳酸発酵により酸味が出たものを刻んで料理に使ってきました。九州名物のとんこつラーメンにも、トッピングとして刻んだ高菜漬けが添えられます。福岡の「三池高菜」や、熊本の「阿蘇高菜」が有名です。最近では、アクの少ない品種が登場し、浅漬けも作られるようになりました。また、幻の高菜と呼ばれていた「相知高菜」を復活させ、それを使った高菜漬けも作られています。

和歌山では、高菜漬けの大きな葉でご飯を包んだ「めはり寿司」が名物となっています。

ちょっと一服 漬物コラム❷

## 日本で唯一の「漬物の神社」

日本には八万以上の神社がありますが、その中でひとつだけ「漬物の神社」があるのをご存じですか？

それは、愛知県あま市にある萱津《かやづ》神社。この神社が建つ尾張平野は、古くからウリやナスなどの野菜が豊富に採れる肥沃な土地でした。かつて神社は海岸に面しており、周辺で藻塩も作られていました。いつの時代からか、地域の人々は、初成りの野菜と藻塩を神前にお供えし、五穀豊穣をお祈りしていたそうです。

お供え物が多く集まったとき、「腐らせるのはもったいない」と、村人たちはかめに野菜と塩を入れておきました。すると、ちょうどいい塩梅の漬物ができあがりました。

雨露にあたっても変わらないその不思議な味を、人々は「神様からの賜り物」として、万病を治す薬のように扱いました。これが日本の漬物のはじまりだと、萱津神社には伝わっています。

古伝によれば、日本武尊《やまとたけるのみこと》が東方に遠征する途中で萱津神社に立ち寄ったとき、村人が漬物を献上したそうです。日本武尊は、この漬物が霊験あらたかなことを知り、「藪二神物（やぶにこうのもの）」と言ったとか。相当古い歴史を持つ神社であり、漬物であることがわかりますね。

萱津神社では、毎年八月二十一日に「香乃物祭」が行われます。一般の人も参加できる「漬込神事」などが行われるので、一度訪れてみてはいかがでしょうか。

第三章

# 知られざる漬物の健康パワー

## 食物繊維でお腹スッキリ

野菜を漬物にすると、さまざまな健康機能がアップすることがわかっています。なかでも顕著なのが、食物繊維の働きです。

食物繊維とは、体内で消化されない植物性の繊維質成分のことです。消化吸収されないので、かつては不要な成分だと考えられていましたが、実は人体にとって非常に有益な働きをしてくれるものなのです。

なかでも重要なのが、腸の調子を整える作用です。食物繊維は、消化されないまま腸にたどり着きます。そして腸内で水分を吸収して膨張し、腸に刺激を与えることで便通をうながします。便秘を解消すると、美容やダイエットに効果的なことはもちろん、大腸ガンを予防することにもつながります。

また、食物繊維は腸内の細菌叢（腸内フローラ）を健康的に保つ働きもあります。腸内には約一千種類、百兆個の細菌が棲んでいますが、そのうち人間にとって有用な働きをする菌を「善玉菌」、悪さをする菌を「悪玉菌」と呼びならわしています。

食物繊維は、善玉菌の餌となり、その数を増やします。善玉菌は腸内で乳酸や酪酸を作り出し、腸内を酸性に保ちます。すると、悪玉菌の発生が抑えられ、腸内環境がよくなり、免疫力強化や老化防止につながるのです。さらに、食物繊維は、小腸での糖分の吸収を緩やかにし、食後の血糖値の上昇を抑える働きや血中のコレステロール値を低下させる効果もあります。

このような重要な作用をもつことから、現在、食物繊維は五大栄養素（たんぱく質・脂質・炭水化物・ビタミン・ミネラル）に次ぐ第六の栄養素とも呼ばれています。

ところが、現代の日本人には食物繊維が不足しています。成人（十八～六十四歳）の一日の目標量が男性二一グラム、女性一八グラムであるのに対し（「日本人の食事摂取基準」令和元年）、実際の摂取量は一七・六グラムしかありません（二十～六十九歳、男女平均、「国民健康・栄養調査」令和元年）。

食物繊維を多く含むのは、野菜や海藻、豆類、きのこ類、雑穀など、伝統的な日本の家庭料理でよく使われる食材です。しかし、食の欧米化が進んだ現代では、肉類や脂肪分を多くとるようになった一方で、食物繊維が多い食品を口にする機会が減ってしまいました。

そこで注目すべきは、漬物の食物繊維です。漬物は脱水しているので、生野菜よりも体積が少なく、単位重量あたりの食物繊維量が多いのです。たとえば、キュウリ一〇〇グラムあたりの食物繊維量は、生のときは一・一グラムですが、塩漬けにすると一・三グラムに、醤油漬けにすると三・四グラムと三倍に増えます。ダイコンも、生なら一・四グラムのところ、干したたくあん漬けなら三・七グラムと二・六倍にもなります（下グラフ参照）。

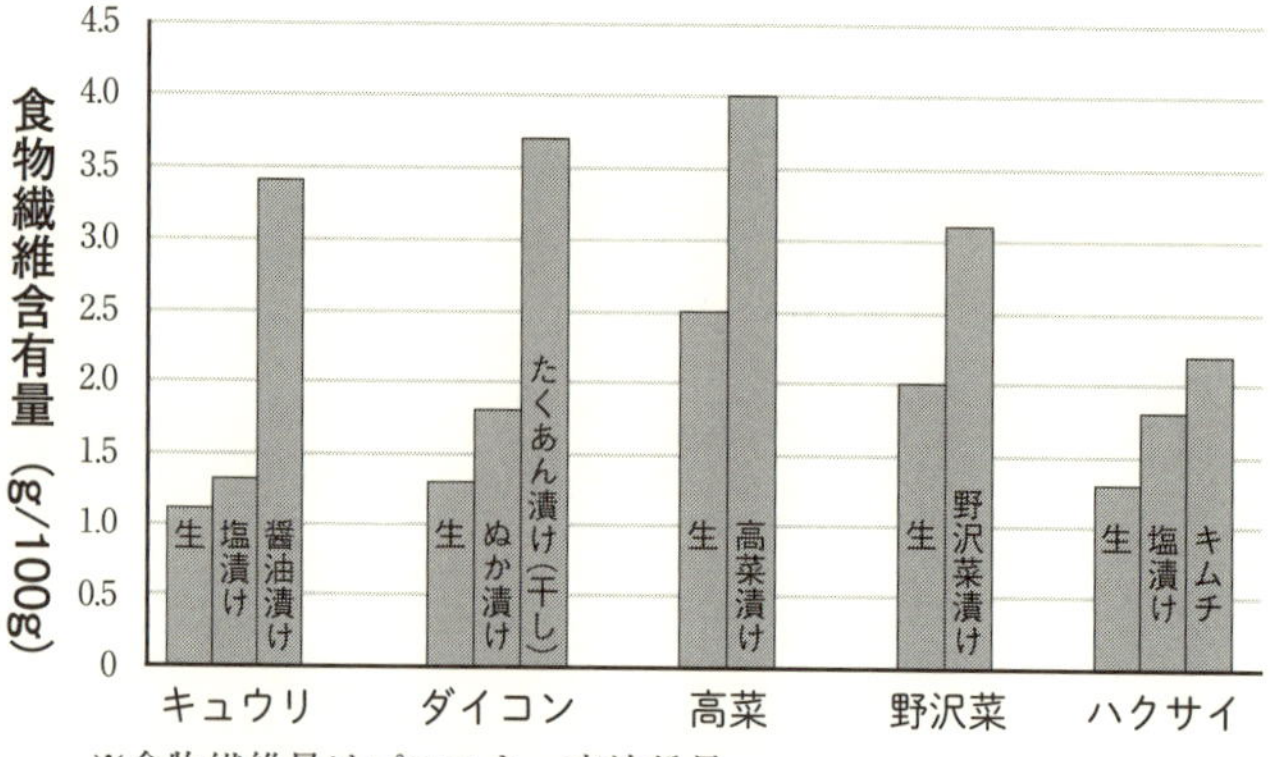

※食物繊維量はプロスキー変法総量
出典：「日本食品標準成分表（八訂）増補 2023 年」

**生野菜と漬物の食物繊維量**

また、ゴボウやシソ、青菜類といった、とくに食物繊維が豊富な野菜は生で食べにくい傾向にありますが、漬物にすると食べやすくなります。

食物繊維の摂取量を増やすためには、漬物を食べるほうが効率的なのです。

## 食物繊維で死亡率が低下する

「第六の栄養素」食物繊維のすごさを、さらに見てみましょう。

食物繊維は、腸内でダイオキシンなどの発がん性物質を吸着して排泄する働きがあります。さらに、脂質や糖、ナトリウムなども吸着して排出することがわかっています。

この作用は、がんの予防や、コレステロール値や血糖値の抑制につながります。高コレステロールや高血糖は、動脈硬化や心筋梗塞、糖尿病といった生活習慣病の危険因子ですから、現代人にとっては非常にありがたい働きと言えます。

最近、日本で行われた大規模な調査研究をひとつ紹介しましょう。全国十一か所の保健所で、合計約九万人を対象に、十七年以上追跡した調査です。

対象者を食物繊維の摂取量に応じて五グループに分け、平均約十七年間の死亡（総死亡・がん死亡・循環器疾患死亡・心疾患死亡・脳血管疾患死亡）との関連を調べました。その結果、食物繊維摂取量が多いグループほど、男女ともに総死亡の割合が低下していたことがわかったのです（下グラフ参照）。

死因別に見ると、循環器疾患での死亡リスクは男女ともに低

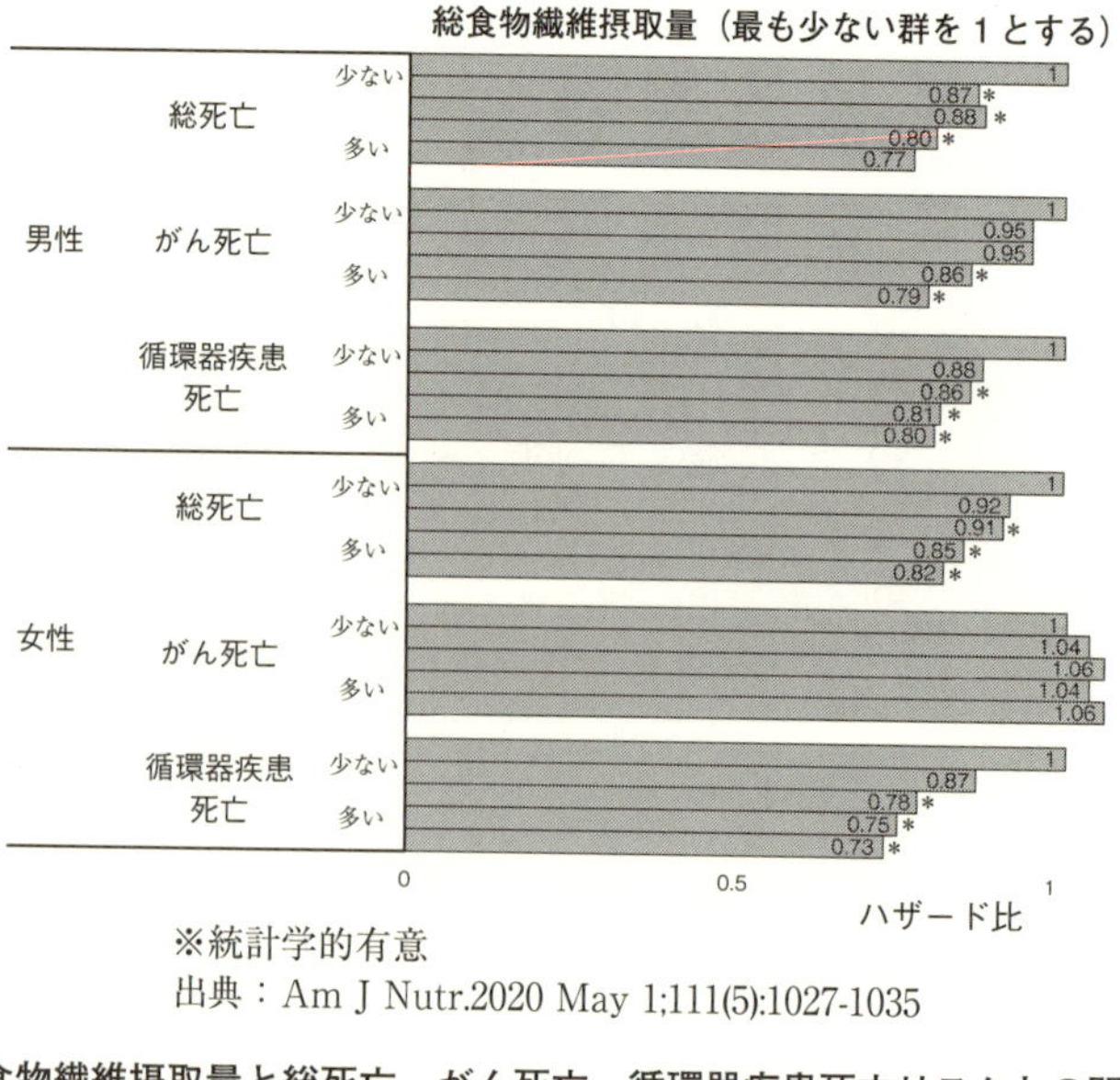


※統計学的有意

出典：Am J Nutr.2020 May 1;111(5):1027-1035

**食物繊維摂取量と総死亡、がん死亡、循環器疾患死亡リスクとの関連**

下していました。がん死亡については、男性では食物繊維摂取量が多いほど低リスクでしたが、女性では顕著な関連は認められませんでした。今後、さらなる研究が期待されます。

健康に大きく寄与することが期待されている食物繊維ですが、前述のとおり、現代日本人の摂取量は足りていません。

いつもの食事に漬物を一皿加えて、不足しがちな食物繊維を手軽に補ってみてはいかがでしょうか。

## 意外と多い漬物のビタミンC

「漬物にビタミンCが含まれている」と言うと、意外に思う人もいるのではないでしょうか？

たしかに、ビタミンCは熱や空気に触れると破壊されやすく、水に溶けやすいというデリケートな性質をもっています。野菜を液体に浸けっぱなしにする漬物では、ビタミンCなんてとれるはずがない、というのが一般的な意見でしょう。

しかし、漬物は加熱されることがなく、空気にもほとんど触れないので、ビタミンCの含有量は意外に多いのです。たとえば、野沢菜漬け（塩漬け）一〇〇グラムあたりのビタミンC量は、二七ミリグラムです。生の野沢菜なら四一ミリグラムですから、七割近くは残っているわけです（「日本食品標準成分表」（八訂）増補二〇二三年）。野沢菜を漬けてから五十日後でも、ビタミンCが二一パーセント残っていたという調査があります（信州大学・平林貴邦調べ）。

ビタミンCは体内で合成することができず、余剰分は排泄されてしまうので、毎日摂取する必要があります。ビタミンCが不足すると、歯ぐきの出血や肌荒れ、視力低下、胃もたれなどが起こります。精神的に不安定になったり、無力感や倦怠感に襲われたりもします。また、免疫力が低下するので、風邪をひきやすくなり、ひいては内臓疾患やがんのリスクも高まります。

漬物を食べることで、損失しやすいビタミンCを毎日少しずつ補給できます。ビタミンCを摂取するためには、とくに浅漬けを食べるとよいでしょう。

## 生野菜に匹敵するベータカロテン

野菜のなかで、ベータカロテンが一〇〇グラム中六〇〇マイクログラム以上のものを「緑黄色野菜」と言います。緑黄色野菜には野沢菜などの青菜類やニンジン、ピーマン、アスパラガス、カボチャなどがあり、比較的色の濃い野菜が目立ちます。それらの多くは、ベータカロテンだけでなく食物繊維やビタミンCなども豊富な傾向にありますが、一方でアクやエグミがあったり硬かったりして、生食に適していません。野菜ジュースや青汁などのドリンク製品は、

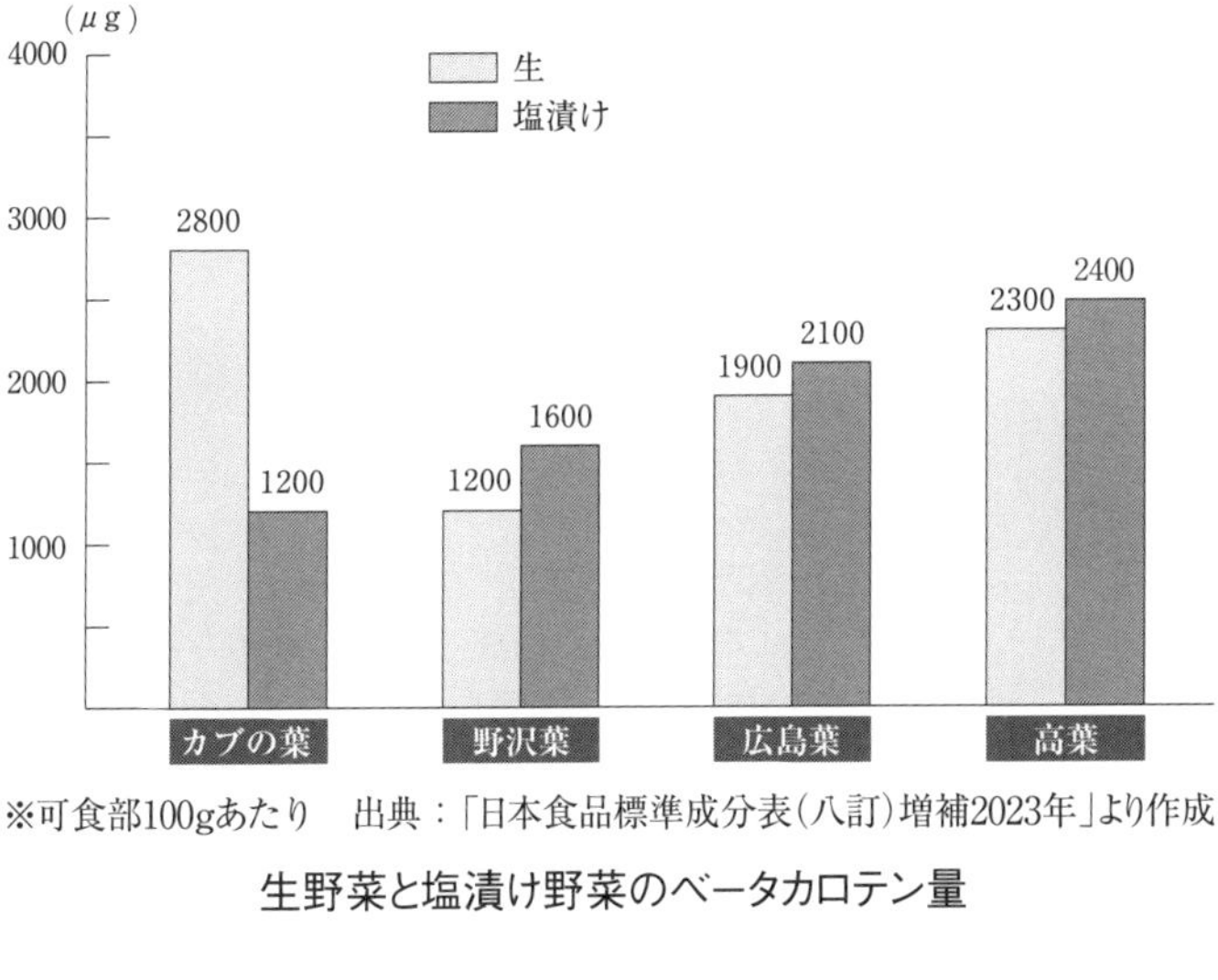


※可食部100gあたり　出典：「日本食品標準成分表（八訂）増補2023年」より作成

生野菜と塩漬け野菜のベータカロテン量

そのままでは食べにくい緑黄色野菜を、一度にたくさんとるために開発されたものです。

漬物は、ほとんどの野菜を生のまま使うことができます。緑黄色野菜も例外ではなく、青菜やニンジンなども生のまま漬けるので、栄養を逃さずとりいれることができます。

なかでもベータカロテンは、漬物で摂取しやすい栄養素と言えます。ビタミンCが水溶性なのに対して、ベータカロテンは水に溶けにくい性質をもつので、漬物にしても損失しにくいのです。たとえば広島菜の一〇〇グラムあたりのベータカロテン量は、生なら一九〇〇マイクログラムですが、塩漬けなら二一〇〇マイクログラムと、むしろ増えています（前ページグラフ参照）。漬物は脱水しているため、生のままより体積が減っているからです。

ベータカロテンは、体内に入ると分解されてビタミンAに変化します。ビタミンAは、眼の乾燥や肌荒れ、風邪などを予防します。また、抗酸化力が強いので、発がん性物質である活性酸素を除去してがん予防に有意に働きます。女性にとっては、紫外線によるシミやシワを予防する効果がうれしいところです。
生で食べにくい野菜こそ漬物で食べるようにする。これが、ベータカロテンを摂取する秘訣と言えます。

## ぬか漬けでビタミン$B_1$が大幅アップ

ここまでは、「野菜本来の栄養成分が漬物にどれほど残っているか」ということに着目してきました。しかし、漬物にすることでむしろ栄養成分がプラスされて、野菜そのものよりも大幅に健康機能がアップすることもあるのです。それは、ぬか漬けにしたときです。

ぬか味噌の材料は、米ぬかと塩です。米ぬかは、精米するときに削り取られる「米のカス」のような部分ですが、実は驚くほど栄養豊富な健康食品です。米ぬかには、ビタミンB群やビタミンE、マグネシウムなどのミネラル類が豊富に含まれており、それら栄養成分は、下漬けにより脱水した野菜の細胞に吸収されます。そのため、野菜をぬか漬けにすると栄養成分がグンとアップするのです。

生のダイコンとぬか漬けにしたダイコンの栄養成分量を比較すると、その差は歴然です。一〇〇グラムあたり、ビタミン$B_1$は〇・〇二ミリグラムから〇・三三ミリグラムに、ビタミン$B_2$は〇・〇一ミリグラムから〇・〇四ミリグラムに、カルシウムは二四ミリグラムから四四ミリグラムに、マグネシウムは一〇ミリグラムから四〇ミリグラムに、と軒並み増えています（前掲「日本食品標準成分表」）。

とくに顕著なのはビタミン$B_1$で、約

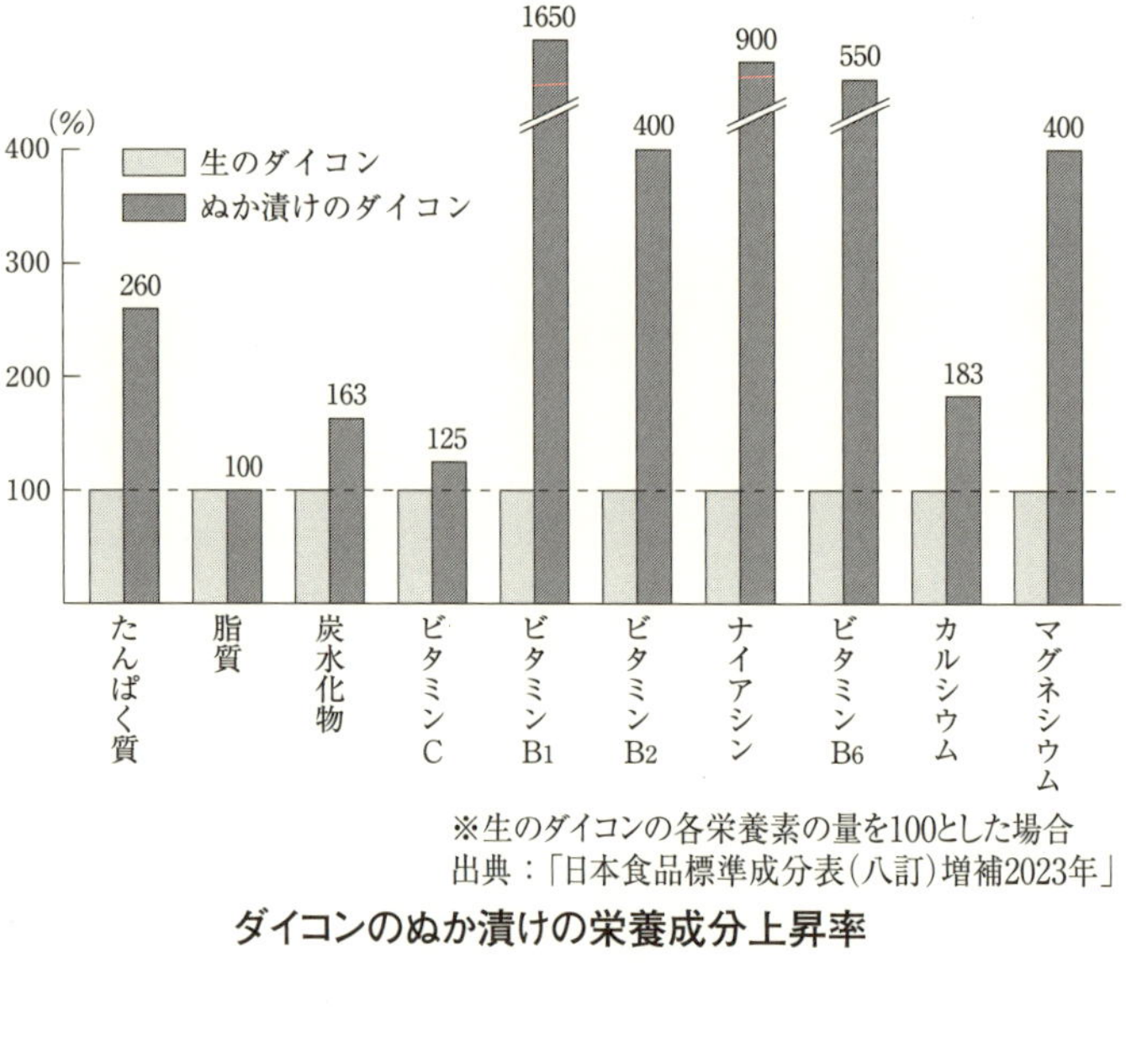


※生のダイコンの各栄養素の量を100とした場合
出典：「日本食品標準成分表（八訂）増補2023年」

**ダイコンのぬか漬けの栄養成分上昇率**

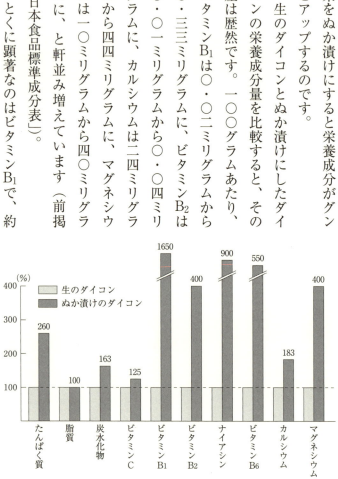

十七倍と劇的に増えているのがわかります。米ぬかには、ビタミン$B_2$やナイアシンといったビタミンB群が豊富に含まれていますが、なかでもビタミン$B_1$はもっとも多く含まれており、そのうえ水に溶け出しやすい性質をもちます。

ビタミン$B_1$は、糖をエネルギーに換えて神経や筋肉を正常に働かせる役割をもちます。不足すると、神経痛や筋肉痛、むくみなどを起こしやすくなり、慢性的に欠乏すると脚気《かっけ》を発病します。

ビタミン$B_1$を多く含む食品は、豚肉やたらこ、うなぎなどです。これらの食材を毎日食べるのは難しいですが、ぬか漬けなら毎日食べても飽きません。また、水に溶けやすいビタミン$B_1$は、調理過程で損失しやすいものです。調理せずに食べられるぬか漬けは、その点でも好都合と言えます。

## 漬物で骨も体も丈夫に

ビタミン類と並んで、生命維持のためのさまざまな機能をつかさどる成分と言えば、ミネラル類です。ミネラル類とは、カルシウム、カリウム、マグネシウム、亜鉛、鉄などの無機質のこと。ほんのわずかな量でも人体にとって有効な働きをしますが、日本人に不足しがちなものも少なくありません。

私たち日本人にとって、長年の間もっとも不足が懸念されているのは、カルシウムです。厚生労働省が定める成人男女の一日の推奨量は六〇〇～八〇〇ミリグラムですが（前掲「日本人の食事摂取基準」）、実際は平均五〇〇ミリグラム程度しか摂取していません（「国民健康・栄養調査報告」令和元年）。日本の土壌はもともとカルシウム分が少なく、作物に含まれるカルシウム分も少なくなってしまうことが一因だと考えられています。

カルシウムは、骨や歯の主成分であり、血液中にもわずかに存在して、身体のさまざまな機能調整に関わっています。食事からとるカルシウム量が不足すると、血液中のカルシウム濃度を一定に保とうとする働きにより、骨からカルシウムが溶け出します。これがくりかえされると、骨密度が極度に低下する病気「骨粗しょう症」につながります。

野菜にはさまざまなミネラルが含まれていますが、とくにカブの葉や野沢菜、広島菜などはカルシウムが豊富です。野菜に含まれるカルシウムは、漬物にしても減少することはほとんどありません。カブの葉一〇〇グラムあたりのカルシウム量は、生なら二五〇ミリグラム、塩漬けなら二四〇ミリグラムとほぼ同等です（前掲「日本食品標準成分表」）。

それどころか、ぬか漬けにするとカルシウムが増量することがわかっています。ぬか味噌にはカルシウムが含まれており、それを野菜が吸収するからです。カルシウムの吸収を助けるマグネシウムも一緒に増量するので、数値以上の効果が期待できます。

漬物には、ほかにもカリウムや鉄分、ナトリウムなど人体に必要なミネラルがいろいろと含まれています。また、漬物によく使われるのは、一般的な精製塩ではなく、ミネラル分の多い自然塩です。野菜だけでなく、塩からのミネラル摂取も期待できるのが漬物のメリットなのです。

## 漬物は低カロリーなダイエット食品

ダイエットは、いまや若い女性だけでなく、「メタボリック・シンドローム」と呼ばれる中高年にとっても重大な関心事となっています。肥満は見た目の問題だけでなく、生活習慣病の危険因子であるとの認識が広まり、年代や性別を問わず健康への意識が高まっているのです。

ダイエットと言えば、気になるのはカロリーですが、単に摂取カロリーを抑えるだけでは十分ではありません。たとえば、カロリーの低いものばかりを食べていると、栄養が偏って体をこわしてしまうでしょう。カロリーを控えながらも栄養バランスのよいものを食べる。これが健康的にやせるための鉄則です。

そんなダイエットの強い味方となるのが、漬物です。これまで述べてきたとおり、漬物は野菜を効率的にとれる栄養豊富な食品です。野菜じたいが低カロリーであるうえ、ほとんどの漬物は無脂肪です。同じ生野菜を食べるにしても、サラダはドレッシングやマヨネーズがかかっている分、意外とカロリーがあります。その点、低カロリーな漬物は、ダイエット中の栄養補給にもってこいなのです。

また、漬物は歯ごたえがあるので、自然とよく嚙んで食べるようになります。咀嚼回数が多くなると、脳内の満腹中枢が刺激されます。加えて、漬物に豊富な食物繊維には、水分を吸収して膨張する性質があります。つまり、漬物を食べると満腹感を得やすくなり、食べすぎを防止することができるのです。

そもそも、現代日本で肥満が問題になっているのは、食生活の変化に起因します。かつて日本人の食生活は、ご飯と汁物に漬物、それに魚と野菜のおかず、というのが基本でした。ご飯が中心で野菜が多いこと、肉より魚が多いこと、そして発酵食品（味噌や醤油、漬物など）を使うことで、日本食は非常に優れた健康食となりえたのです。現在、日本食が世界中でブームになっているのはこのためです。

ところが、当の日本人は日本食から離れ、肉類中心の高カロリーな食事やファストフード、スナック菓子や清涼飲料水をよく口にするようになりました。これが、「メタボ」という新語を生んだ肥満問題の一因であることは間違いありません。

漬物がぴったり合うのは、やはりご飯を中心とした日本食です。漬物を食べることをきっかけに、日本食のよさを見直すことが、ダイエットの王道と言えるかもしれません。

## 生きたまま腸に届く植物由来乳酸菌（植物性乳酸菌）

「乳酸菌」と言えば、ヨーグルトなどの乳製品を連想する人は多いでしょう。しかし、日本人は昔から漬物を食べることで乳酸菌を摂取してきました。それが、最近話題となっている「植物由来乳酸菌（植物性乳酸菌）」です。

植物由来乳酸菌とは、植物に常在する乳酸菌の一種で、植物に含まれる糖を発酵させるものです。乳製品に含まれるのは「動物由来乳酸菌（動物性乳酸菌）」で、これは一定の温度や環境のもとでしか発酵しないデリケートな菌です。それに対して植物由来乳酸菌は、低温で塩分濃度が高く、ほかの微生物が混在するような過酷な環境でも発酵することができます。いま植物由来乳酸菌が注目されている理由は、まさにこの強靭さにあるのです。

最近、ヨーグルトや健康食品のコマーシャルなどで、「プロバイオティクス」という言葉がよく聞かれるようになりました。人間の腸内に住む微生物に働きかけ、腸内環境を整えてくれる微生物がプロバイオティクスです。乳酸菌のほか、よく知られているビフィズス菌や納豆菌もその一種です。プロバイオティクスを体内にとりいれると、腸内環境が改善され、さまざまな健康効果がもたらされます。

ただし、プロバイオティクスを含む食品を食べても、その多くは腸内で生存することができません。人間の胃の中は強度の酸

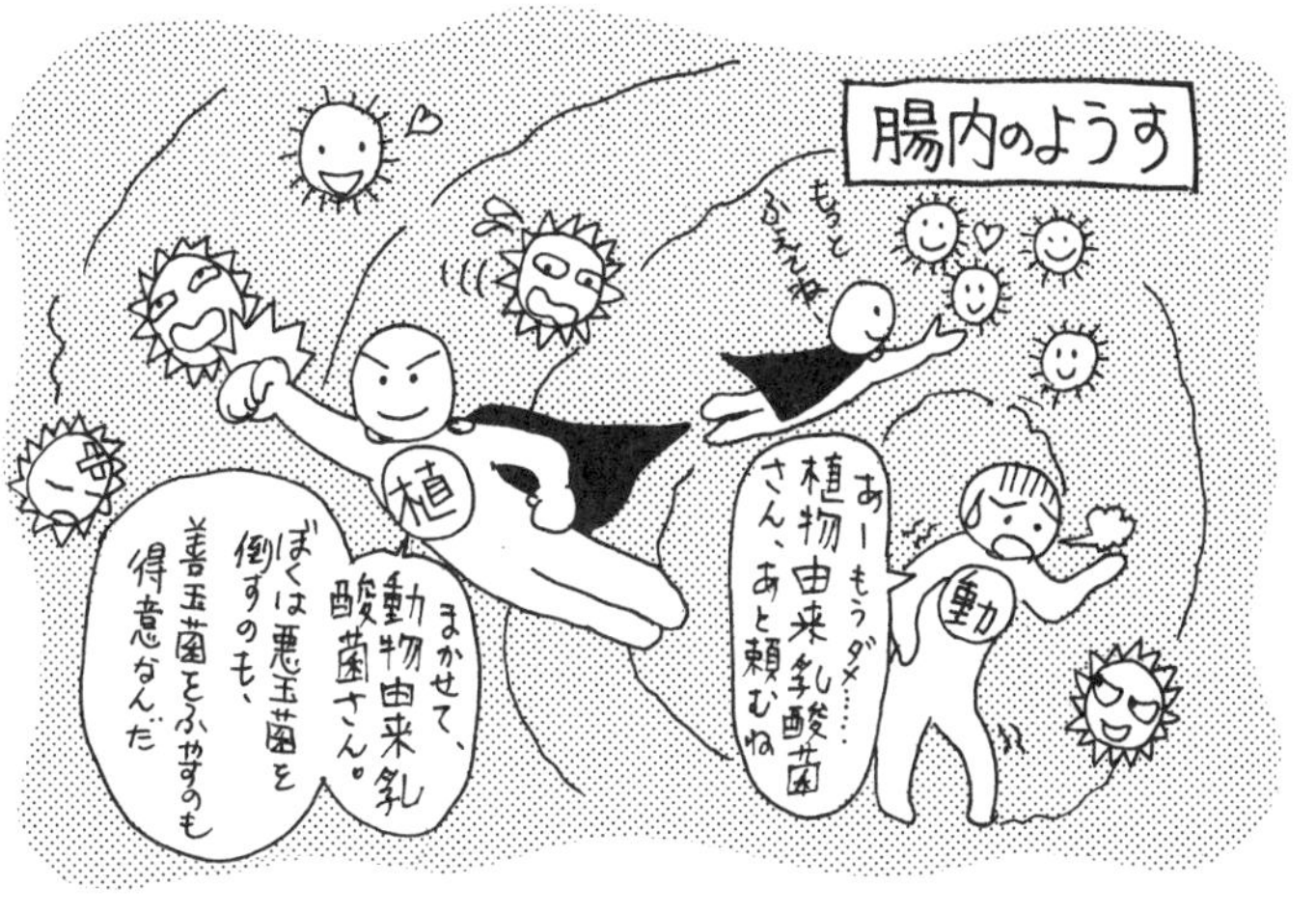

性なので、腸に届く前にほとんど死滅してしまうのです。とくに動物由来乳酸菌は酸に弱い性質をもちます。

そんななか、腸内でも非常に高い生存率をもつのが植物由来乳酸菌です。過酷な環境に強い植物由来乳酸菌は、腸内で活躍できる貴重なプロバイオティクスだということがわかってきて、いま非常に注目されているのです。

植物由来乳酸菌は、腸内にたどりつくと乳酸を生成して弱酸性の環境をつくりだし、さまざまな病気を引き起こす悪玉菌を駆逐します。同時に、人体に有効に働く善玉菌の繁殖をうながし、腸内環境を整えてくれます。腸内環境がよくなると、便秘や下痢が改善され、大腸がんの予防につながります。食物の消化吸収が促進されるので、栄養素が効率よく全身に行きわたって細胞が活性化されます。そのため、免疫力が高まり、病気に負けない強靭な体がつくられるのです。

そんな植物由来乳酸菌が、発酵漬物には豊富に含まれています。とくに豊富なのは、ぬか漬けや京都の「すぐき漬け」、「しば漬け」、長野の「すんき」などです。いずれも日本人が昔から親しんできた漬物で、乳酸菌特有のすっぱい味がします。その健康機能をいま一度見直して、食生活にとりいれたいものです。

## 食物酵素でアンチエイジング

人間の体にはさまざまな酵素があり、消化吸収や新陳代謝、筋肉の運動や血管の収縮など、あらゆる生命活動を支えてくれています。いくら栄養豊富なものを食べても、酵素が少なければうまく消化吸収ができず、人体に生かされません。つまり酵素は、人間の健康の鍵を握る存在なのです。現在、世界中でその実態について研究が進められていますが、全貌はまだわかっていません。

わかっているのは、一生の間に人体のなかで作られる酵素の種類は決まっており、年齢を重ねるごとに減っていくということ。体内の酵素が不足すると、身体組織がどんどん老化していくので、なるべく節約して長もちさせることが大切です。

ところが、現代人の多くは酵素を無駄使いするような生活をしています。たとえば、暴飲暴食をしたときには、食物を消化するために、またアルコールを分解するために、胃や肝臓で酵素をよけいに使わなければなりません。同じように、喫煙や睡眠不足、ストレスなど、体に負担をかける生活習慣は、酵素を大量に使う要因となります。現代人がつい陥りがちな乱れた生活習慣が、酵素を無駄遣いし、老化を促進することにつながっているのです。

不足しがちな酵素は、食べ物から補うことができます。人間と同じように、動植物、つまり肉や魚、野菜などにも酵素があります。それを食べることによって、「食物酵素」が体内にとりこまれて、酵素の減少を防ぐことができます。ただし、酵素は熱に弱いので、生の食べ物からしか食物酵素を摂取することができません。

そこで、火を通さずに食べられる漬物が役に立つのです。生肉や生魚は毎日食べられるものではありませんが、生野菜なら毎日食べても苦になりません。漬物にすると、いろいろな種類の野菜が生でも食べやすくなり、食物酵素を効率的にとりいれることができます。なかでも、発酵食品には酵素が豊富に含まれています。老化が気になってきたら、ぬか漬けなどの発酵漬物を食べるのがおすすめです。

## 酢漬けを食べて疲労回復

漬物のなかには、塩だけでなく、酢を利用して保存性を高めたものがあります。酢に含まれる酢酸には強い殺菌力があるので、酢漬けにすれば、塩を控えめにしても長もちさせることができるのです。減塩の物足りなさも酸味が補ってくれるので、一石二鳥と言えます。

酢漬けには、ラッキョウの甘酢漬けやガリ、千枚漬けなどがあります。欧米では、ピクルスをはじめとして、野菜や魚を酢漬けにする文化が各国で根付いています。日本では、一般に米酢など穀物から作る酢を使いますが、欧米ではリンゴ酢やワイン酢などの果実酢を使うことが多いようです。

エネルギーのもととなる糖を酢酸と一緒に摂取すると、疲労回復効果がアップします。疲れたときには、酢漬けが効果的と考えてよいでしょう。

一方、酢に含まれるアミノ酸のなかには、コレステロール値を低下させ、脂肪肝を予防し、肥満を予防する作用をもつものが数種類あります。

酢が体によいことはよく知られていますが、「お酢そのものを飲むのは苦手」と言う人も少なくありません。その点、酢漬けなら食べやすく、無理なく酢の健康パワーをとりいれることができます。

## 梅干しのクエン酸効果と強力な抗菌力

梅干しの酸味のほとんどはクエン酸によるものです。クエン酸には、胃液の分泌をうながして食欲を増進させる作用があります。また、疲労により蓄積される乳酸をエネルギーに換えて疲労を回復させる働きがあります。さらに、カルシウムなどミネラル類の吸収率を高めたり、精神的疲労を回復させたりと、実に多くの健康機能をもちます。

天然のクエン酸はかんきつ類やウメ、モモなどの果実に多く含まれています。なお、完熟したウメには、クエン酸のほかリンゴ酸やコハク酸など八種類の有機酸が含まれています。これらの豊富な有機酸は、梅干しの強烈な酸味のもととなっています。

昔から、お腹の調子が悪いときには梅干しが効くと言われてきましたが、それには理由があります。すっぱい梅干しは、見るだけで唾液がわいてくるものですが、唾液を出すことは食欲増進や胃液の分泌、消化促進につながります。

また、梅干しには強力な抗菌作用があります。クエン酸をはじめとする強力な酸が、腐敗菌の繁殖を防いでくれるのです。梅干しをお弁当に入れると食あたりしないという生活の知恵が生まれたのは、このためです。

梅干しを作るときに一緒に漬ける赤ジソにも、強い抗菌作用があります。シソに含まれる香り成分ペリルアルデヒドには、抗菌作用のほか、胃液の分泌をうながして消化吸収を助け、腸のぜん動運動を活発にする働きがあります。また、発汗作用や利尿作用もあり、新陳代謝を促進してくれます。

ウメを漬けたあとに残る漬け汁、梅酢には、そんな梅やシソのよい成分が溶け出しています。ぜひ捨てずに、野菜の漬物に再利用してください。

## ラッキョウ漬けで血液サラサラに

ラッキョウやネギ、タマネギ、ニンニクは、同じネギ属の仲間です。ネギ属の野菜は、いずれも刺激的な香りと辛味をもつのが特徴ですが、漬物にすると多少やわらぎ、生食しやすくなります。

なかでもラッキョウは、日本では漬物以外の用途がほとんどないという、漬物のために生まれたような野菜です。甘酢漬けや塩漬け、たまり醤油漬けなどにしますが、とくに甘酢漬けは、カレーライスの薬味の定番として、福神漬けと並び親しまれています。そんなラッキョウの漬物には、実は数々の健康機能があるのです。

ラッキョウにはフルクタンという水溶性食物繊維が豊富に含まれていて、これが糖質の吸収を阻害することから、糖尿病の予防につながると考えられています。また、ラッキョウのもつ強い抗酸化作用は、発がん性物質の抑制に効果を発揮します。近年では、花粉症などのアレルギー症状を軽減し、炎症をしずめる作用があることもわかってきました。

ラッキョウをはじめとして、ネギ属にはさまざまな成分によりもたらされる強い香りがありますが、それら香り成分の多くに共通する作用があります。それは、血栓の形成を阻害するという非常に有用な働きです。

血液中の脂肪分が多くなると、血管壁に血栓ができやすくなります。血栓ができると血圧が上昇し、それが高じて血管が詰まると、動脈硬化や心筋梗塞、脳梗塞などにつながります。ネギ属の香り成分は、血栓ができるのを防ぎ、これらの生活習慣病を予防してくれるのです。

とはいえ、香りと辛味が強いネギ属の野菜は、生で食べると刺激が強すぎて胃に負担がかかります。漬物にすれば刺激が弱まるので、ラッキョウ漬けのほか、タマネギやニンニクも漬物にして食べるのがおすすめです。

## 制がん性のあるショウガの漬物

寿司に添えるガリや焼きそばに添える紅ショウガなど、なにかと口にする機会の多いショウガの漬物。そのさわやかな辛味とシャキシャキした歯ごたえが、料理の合間につまむ口直しにぴったりなのでしょう。近年は、低塩・低温で浅漬けにした「新生姜」など、新しい製法の漬物が人気を呼んでいます。

ショウガは、古来中国で漢方に使用されており、多彩な薬効からさまざまな民間療法に利用されてきました。日本には三世紀ごろ渡来したと考えられており、正倉院文書によると、天平宝宇二年（七五八）にはショウガの塩漬けが存在したことがわかっています。

ショウガにはピリッとした辛味と香りがありますが、その主成分はジンゲロールという物質です。ジンゲロールには血行促進作用と発汗作用があり、体を温めて冷え症を改善することに役立ちます。せきやたんを抑える働きや解熱作用もあります。風邪のときにショウガ湯を飲むとよいと言われているのは、このためです。

また、ジンゲロールは消化器系の機能改善にも力を発揮します。ショウガの香り（ジンゲロール）は、食欲を増進して消化を促進します。体内に入ったジンゲロールは、吐き気のもととなるセロトニンの分泌を抑えます。強い抗菌作用をもつので、食中毒予防にも役立ちます。

近年、そんなジンゲロールにがんを予防する働きがあることが明らかになりました。生体の遺伝子が発がん物質にさらされる初期段階で、食事量の〇・〇二パーセントのジンゲロールを摂取すると発がん物質が解毒されるというものです（岐阜大学・森秀樹調べ、平成十三年）。日本人の一日の食事量は一・五キログラムと言われており、ショウガのジンゲロール含有率は一～三パーセントなので、ショウガを毎日一〇～三〇グラム食べれば制がん効果が期待できるわけです。

ただし、ジンゲロールは酸素に触れると酸化しやすいので、ショウガをすりおろすと効果が激減してしまいます。ショウガの効能をできるだけ損なわないためにも、漬物にして食べるのが正解と言えそうです。

## 驚くべきキムチの健康パワー

韓国発祥のキムチは、いまや日本の漬物をしのぐほど人気のある発酵漬物です。そんなキムチが、いま健康食品として注目を集めています。

キムチには、実に多くの材料が使われています。もっともポピュラーなペチュキムチ（ハクサイのキムチ）では、野菜はメインのハクサイのほか、ダイコン・ニンジン・ニラ・ネギ・セリなどが副材料として加えられます。また、キムチの味付けに使われる「ヤンニョム」という調味材料には、唐辛子・ニンニク・ショウガ・リンゴ・松の実などが入っています。ヤンニョムには、野菜だけでなく魚や牡蠣・エビの塩辛・貝柱などの魚介類も加えられます。これほど多彩な材料を使う漬物は、ほかにはないと言ってよいでしょう。それぞれの素材がもつ風味や成分が複雑にからみあって、相乗効果をもたらしているのがキムチの魅力です。

キムチと言えば、ニンニクの強烈な香りも魅力のひとつですが、その正体はアリシンという成分です。アリシンは、単独では増血・強肝作用をもち、精神を安定させて便秘を解消する効果があります。糖質や脂質、たんぱく質と複合すると、食欲増進、疲労回復に役立つほか、高血圧症や動脈硬化などの生活習慣病を予防し、発がんを抑制する効果もあります。

ニンニクやニラ、ネギなどのネギ属植物は、昔からその薬効の強さが知られています。ネギ属植物が豊富に使われるキムチは、それらのもつ抗菌・血栓予防・発がん抑制作用などがおおいに発揮されると期待できます。

キムチがほかの漬物と大きく異なるのは、魚介類が使われていることです。そのため、ほかの野菜の漬物にはない動物性たんぱく質やビタミンB群を摂取することができます。キムチに含まれるビタミンB群は、発酵過程で増加することがわかっています。

また、キムチの真っ赤な色と辛味のもとである唐辛子には、体脂肪の燃焼を促進する働きがあるので、ダイエットに効果的と言われています。血管を拡張し、コレステロール値を低下させる作用もあるので、生活習慣病予防にも役立ちます。

忘れてはならないのは、植物由来乳酸菌の力です。キムチには、十種類以上もの乳酸菌が含まれており、その含有量は漬物のなかでも飛びぬけています。乳酸菌は、腸内の善玉菌を増やして悪玉菌を減らし、整腸作用や大腸がんの予防、ひいては免疫力強化や老化防止に効果を発揮します。なかでも植物由来乳酸菌は、腸内での生存率が非常に高く、いまもっとも注目される有用菌です。

さらに魅力的なことに、キムチの塩分は三パーセント前後と意外に低いのです。唐辛子の辛味と乳酸菌の酸味、魚介類をはじめとする数多くの食材が織りなすうま味のハーモニーが、低塩の物足りなさを感じさせません。

このように、キムチには驚くほど多彩な健康パワーがあります。購入する際は、「乳酸発酵食品」の表示があるものを選ぶとよいでしょう。

ちょっと一服 漬物コラム❸

## ぬか床をかき混ぜるのはなぜ？

自家製のぬか漬けを「我が家の味」として、代々「ぬか床」を引き継いでいるお宅は少なくないでしょう。そのぬか床は、頻繁にかき混ぜなければならないと言われています。「手に臭いがつく」「面倒くさい」などと言われ、嫌われがちな作業ですが、なぜかき混ぜなければいけないのでしょうか？

ぬか床をかき混ぜないでいると、ぬか床の内部は酸素が少ない状態になっていきます。この酸素が無い環境で増殖する菌に酪酸菌があり、それらが増殖すると酪酸を生成します。酪酸は、履き古した靴下のような臭いがすると言われています。これを防ぐにはぬか床をよくかき混ぜる必要があるのです。

逆に、酸素を好む微生物もあります。ぬか床の表面で増殖し、白い膜を作る産膜酵母です。この酵母は、適量であればよい香りを作るのですが、過剰に増殖するとシンナー臭を放つようになり、最悪の場合、ぬか床が腐ってしまいます。また、ぬか床でせっかくできた乳酸を消費してしまいます。それを防ぐためにも、ぬか床を定期的にかき混ぜることが大切なのです。

酸素を嫌うものと酸素を好むもの、両方の微生物をバランスよく生育させるのが、おいしいぬか漬け作りのコツです。そのために、ぬか床をどのぐらいの頻度でかき混ぜるのがよいのでしょうか。

「毎日必ずかき混ぜる」と言う人もいれば、「毎日かき混ぜる必要はない」と言う人もいて、これは経験から学ぶしかありません。ぬか床の様子を観察しながら、我が家の味を創り出していってください。

第四章

# 知って得する漬物の豆知識

## 家庭の味の代表格・ぬか漬けの材料

漬物には実に多彩な材料が使われますが、なかでもぬか漬けは、ほとんどすべての野菜が材料になりえると言ってもよいでしょう。ハクサイや野沢菜などの葉野菜、ダイコンやゴボウなどの根野菜、キュウリやナスなどの実野菜はもちろん、ショウガやミョウガ、ニンニクなどの香味野菜も、ぬか漬けにするとおいしく食べられます。

ここでは、家庭で作るぬか漬けにおすすめの材料をあげます。どの野菜も、よく洗って塩で軽くもんでから漬けましょう。

### ■葉野菜類

#### ハクサイ

白菜漬けやキムチでおなじみの野菜ですが、ぬか漬けにしてもおいしいものです。

茎はシャキシャキ、葉はしんなりと異なる歯ざわりが楽しめます。一株を四分の一に切って、もしくは葉を一枚ずつはがして漬けます。

漬ける時間の目安…夏季8時間、冬季24時間

キャベツ
ビタミンCを豊富に含むキャベツは、ぬか漬けにすると、硬い茎や芯の部分はコリコリと、葉はしんなりとし、甘みが増します。生で食べるよりもかさが減り、たくさん食べられます。ハクサイと同様に、一玉を四分の一にするか、葉を一枚ずつはがして漬けます。
漬ける時間の目安…夏季6時間、冬季12時間

ダイコン・カブの葉
ダイコンやカブの根だけでなく、葉の部分をぬか漬けにするのもいいものです。切らずにそのまま漬けます。ダイコン・カブの葉はベータカロテンやビタミンCが豊富

で、根の部分にはないシャキシャキした歯ごたえが楽しめます。
漬ける時間の目安…夏季6時間、冬季12時間

小松菜
ベータカロテン、カルシウム、鉄分などを豊富に含み、アクが少ない葉野菜です。よく洗って、根を付けたまま切らずに漬けます。
漬ける時間の目安…夏季5時間、冬季10時間

## ■根菜類

ダイコン
たくあん漬けや調味漬けなどにも使われる漬物の万能野菜ですが、ぬか漬けにもよく合います。皮を付けたまま、短時間で漬けたいときは小さく、歯ごたえを残したいときは大きく切って漬けます。さっぱりとした口当たりで箸休めにぴったりのぬか漬

けになります。

漬ける時間の目安…夏季10時間、冬季24時間

カブ

葉と茎を切り落として、皮を付けたまま丸ごと、大きいものは半分に切って漬けます。独特の歯ごたえと甘みがあります。

漬ける時間の目安…夏季10時間、冬季24時間

ニンジン

色の鮮やかさとポリポリとした歯ごたえが魅力の漬物です。皮をむき、適当な大きさに切って漬けます。早く漬けたいときは、小さく切ります。

漬ける時間の目安…夏季10時間、冬季24時間

ゴボウ

食物繊維が豊富なゴボウは、素朴な風味と歯ごたえがあり、適度に軟らかいぬか漬けになります。よく洗って、適当な長さに切ってから漬けこみます。

漬ける時間の目安…夏季10時間、冬季24時間

長芋

独特のシャリシャリした食感が楽しい漬物です。ぬか床に粘りが移ってしまうので、ガーゼや厚手のキッチンペーパーに包んで漬けます。

漬ける時間の目安…夏季8時間、冬季16時間

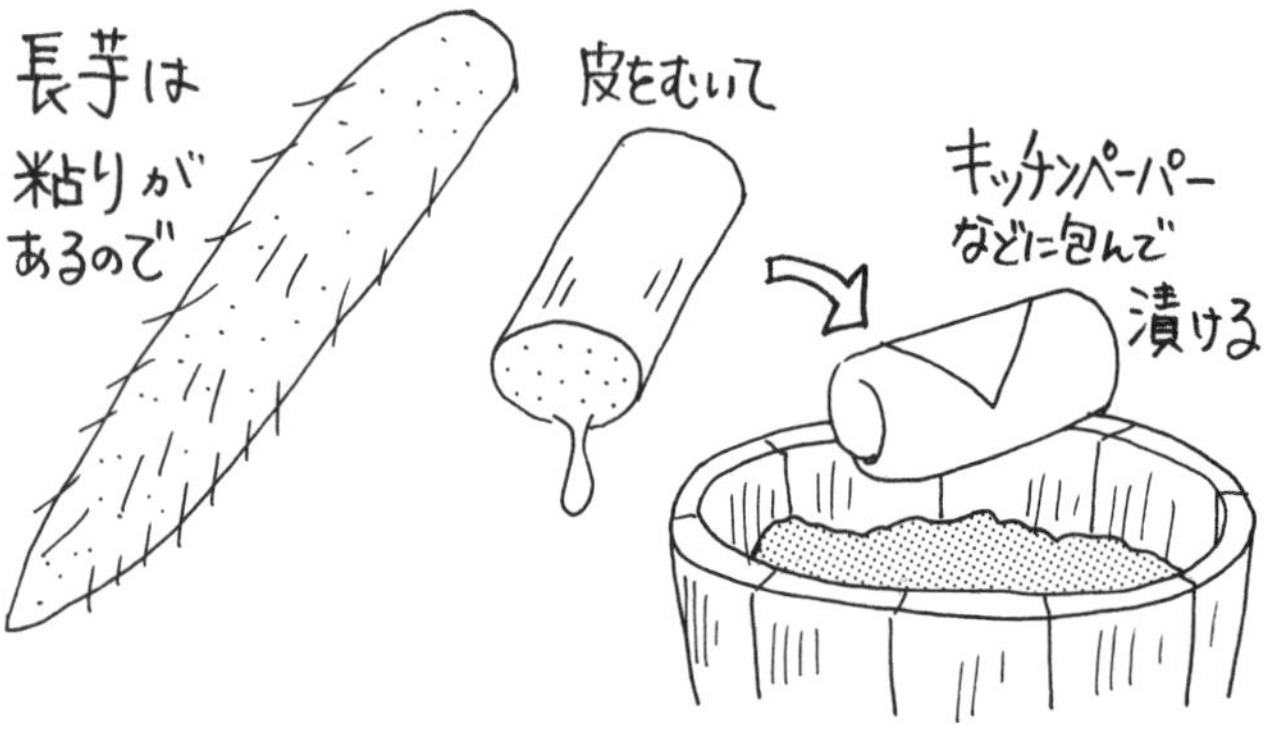

## ■実野菜

### キュウリ

ぬか漬けをはじめ、塩漬け、味噌漬け、しば漬け、福神漬け、ピクルスなど、もっともよく漬物に使われる野菜のひとつです。ぬか漬けにするときは、塩で軽く板ずりしてから丸ごと漬けこみます。漬ける時間が短いほど鮮やかな色が保たれます。

漬ける時間の目安…夏季5時間、冬季12時間

### ナス

キュウリと並ぶ漬物の定番食材です。塩とミョウバンで軽く表面をこすってから漬けこむと色が美しくなります。ナスは切り口からすぐに変色するので、食べる寸前に切るようにします。

漬ける時間の目安…夏季10時間、冬季24時間

パプリカ・ピーマン

どちらも丸ごと漬けて、皮がしんなりしてきたら食べごろです。ピーマンはパプリカほど肉厚ではないので、左記よりも多少時間を短くします。

漬ける時間の目安…夏季5時間、冬季10時間

ゴーヤ

沖縄料理でおなじみのゴーヤは、豊富なビタミンCを含む野菜です。縦半分に切り、苦味のある種をスプーンなどで取り除いてから漬けます。

漬ける時間の目安…夏季6時間、冬季12時間

## ■そのほか変わり種の野菜

セロリ

西洋料理に使われる野菜ですが、シャリシャリとした歯ごたえがあり、意外とぬか

漬けに合います。葉も付けたまま、筋をとって漬けます。香りが強いので、ぬか床に移らないように容器を分けるとよいでしょう。

漬ける時間の目安…夏季5時間、冬季10時間

アスパラガス

セロリと同様、西洋野菜ですが、ぬか漬けや調味漬けによく合います。根元から数センチの硬い部分のみ皮を厚めにむいて、丸ごと漬けます。硬めのものなら、軽くゆでてから漬けるとよいでしょう。

漬ける時間の目安…夏季5時間、冬季10時間

ショウガ

酢漬けにすることの多いショウガも、ぬか漬けにするとひと味ちがいます。皮をむいてから丸ごと漬けます。そのまま食べるだけでなく、薬味としても、料理の材料としても利用できます。

漬ける時間の目安…夏季6時間、冬季12時間

ミョウガ

洗ってよく水気をふいてから漬けます。そのまま食べるほか、刻んで薬味にするのもおすすめです。

漬ける時間の目安…夏季5時間、冬季10時間

ニンニク

たまり醤油漬けやはちみつ漬けでおなじみの食材。皮をむいて漬けこみます。漬けると切り口から緑色に変色することがありますが、問題はありません。ぬか床ににおいが移るので、容器を分けて漬けるのがおすすめです。

漬ける時間の目安…夏季8時間、冬季16時間

## 枝豆

ビールのおつまみの定番・枝豆も、ぬか漬けにすると目先が変わります。塩を使わずにゆで、サヤから豆を取り出して荒熱をとります。豆がバラバラにならないように、ガーゼで包んだりお茶用のパックに入れたりして漬けます。

漬ける時間の目安…夏季6時間、冬季12時間

## インゲン豆

さやごと漬けますが、硬いようなら軽くゆでてから漬けます。あまり漬物にすることのない食材なので、ぬか漬けにすると驚かれることうけあいです。

漬ける時間の目安…夏季5時間、冬季10時間

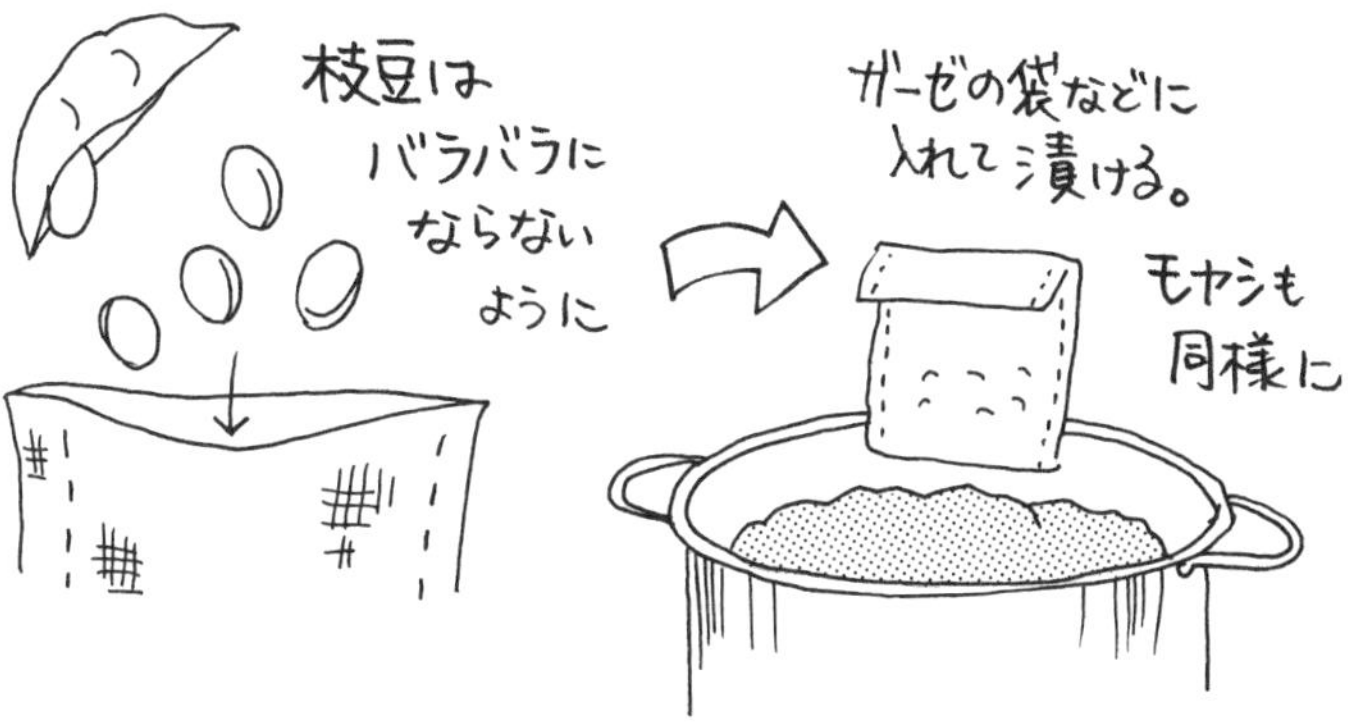

モヤシ

モヤシを漬けるなんて、と意外に思われるでしょうが、ぬか漬けにするとおいしいものです。バラバラにならないようにガーゼの袋などに入れて漬けます。

漬ける時間の目安…夏季4時間、冬季8時間

タケノコ

ゆでてから漬けますが、市販の水煮のタケノコを使用すれば手軽にできます。春先の掘りたてのものなら、生のままでも漬けられます。

漬ける時間の目安…夏季6時間、冬季12時間

## ■野菜以外にこんなものも

豆腐

ぬか漬けにするのは、木綿豆腐です。非常に水分が多いため、時間をかけてしっかりと水気を切っておきます。崩れないように、厚手のキッチンペーパーやガーゼに包

んで漬けましょう。

漬ける時間の目安…夏季6時間、冬季12時間

コンニャク

風味と歯ごたえが独特な、風変わりな漬物になります。においが気になるときは、軽くゆでてから切らずに漬けこみます。

漬ける時間の目安…夏季8時間、冬季16時間

乾物類

ミネラル分の多い切干大根、昆布、キクラゲなどの乾物類をぬか漬けにします。乾物類は水で戻してからよく水気を切り、小さなものはガーゼで包むなどしてまとめてから漬けこみます。

漬ける時間の目安…夏季4〜6時間、冬季8〜12時間

## スルメ

乾物のなかでも、スルメは乾燥した状態のまま、ぬか床ではなく「ぬか汁（ぬか床から浸み出る水分）」に浸します。こうして戻しながら漬けこむと、風味よく仕上がります。

漬ける時間の目安…夏季10時間、冬季15時間

## 卵

鶏卵は、ゆでて殻をむいてから漬けます。卵は、好みで半熟にゆでてもよいですが、ぬか床に出し入れするとき、つぶさないように注意しましょう。漬ける時間は卵の大きさによって多少加減します。

漬ける時間の目安…夏季4～6時間、冬季8

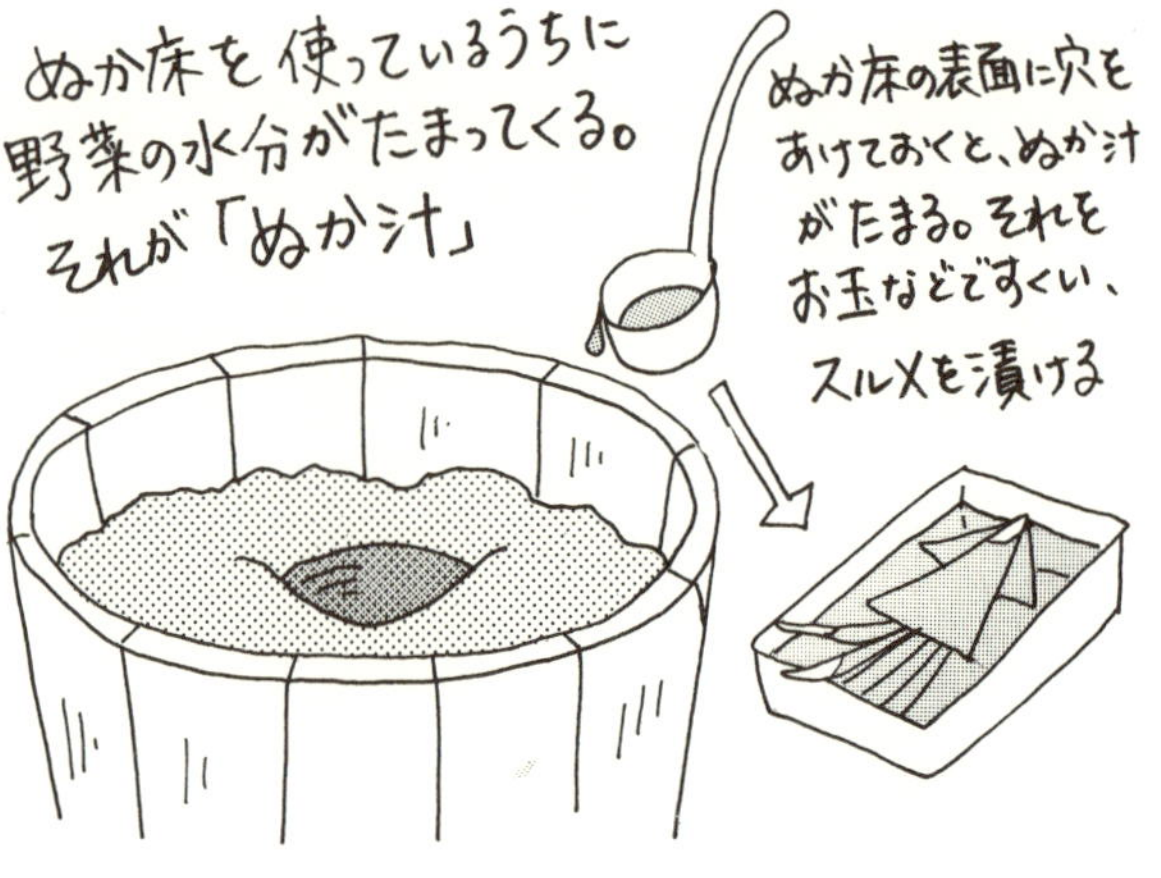
ぬか床を使っているうちに
野菜の水分がたまってくる。
それが「ぬか汁」
ぬか床の表面に穴を
あけておくと、ぬか汁
がたまる。それを
お玉などですくい、
スルメを漬ける

〜12時間

## 全国のご当地漬物

南北に長い日本列島では、気候や風土の異なる地域ごとに、特色のある食文化がはぐくまれてきました。もちろん漬物もそのひとつであり、地域独自の魅力ある名産漬物が全国に存在します。脈々と受け継がれてきた「ご当地漬物」を、北から南まで見てみましょう。

### ■北海道

**紅鮭はさみ漬け**

北海道名産の紅鮭をダイコン・ハクサイ・ニンジン・キュウリと交互に積み重ねて甘口の麹で漬けたもの。赤・白・黄・緑の縞模様になる切り口の美しさが特徴。

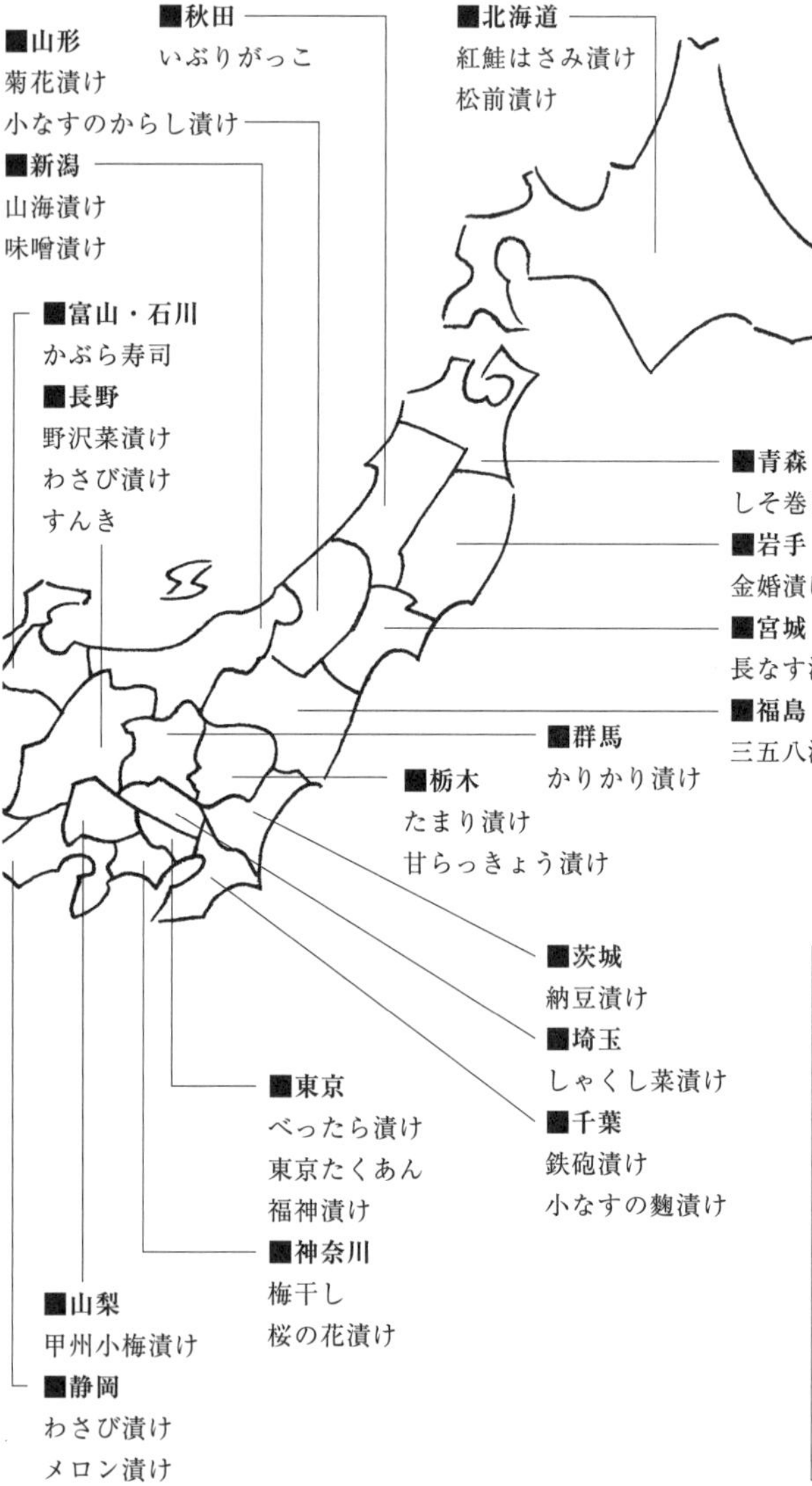
■北海道
紅鮭はさみ漬け
松前漬け
■秋田
いぶりがっこ
■山形
菊花漬け
小なすのからし漬け
■新潟
山海漬け
味噌漬け
■富山・石川
かぶら寿司
■長野
野沢菜漬け
わさび漬け
すんき
■青森
しそ巻き梅漬け
■岩手
金婚漬け
■宮城
長なす漬け
■福島
三五八漬け
■群馬
かりかり漬け
■栃木
たまり漬け
甘らっきょう漬け
■茨城
納豆漬け
■埼玉
しゃくし菜漬け
■千葉
鉄砲漬け
小なすの麹漬け
■東京
べったら漬け
東京たくあん
福神漬け
■神奈川
梅干し
桜の花漬け
■山梨
甲州小梅漬け
■静岡
わさび漬け
メロン漬け

全国ご当地漬物マップ

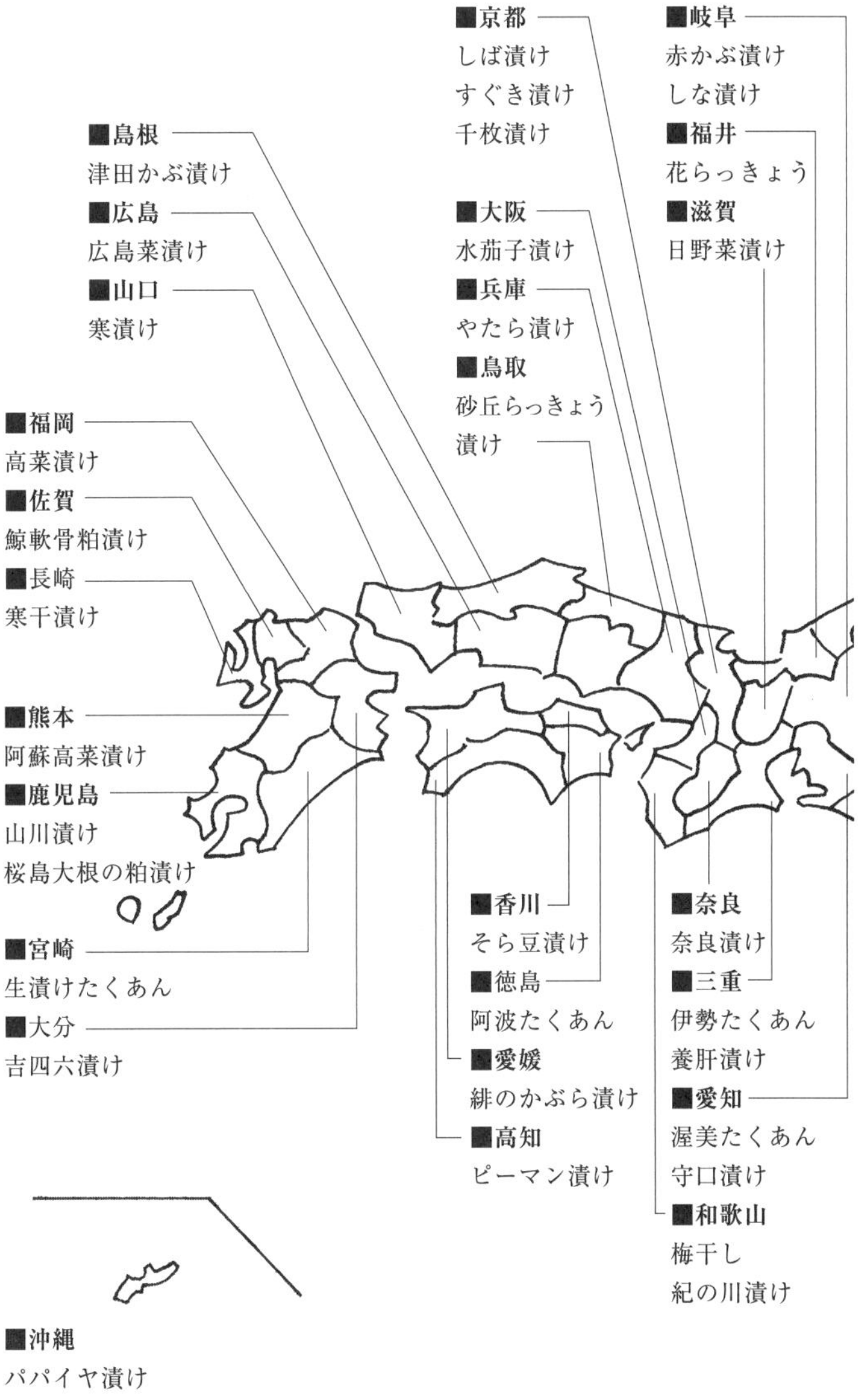
■島根
津田かぶ漬け
■広島
広島菜漬け
■山口
寒漬け
■福岡
高菜漬け
■佐賀
鯨軟骨粕漬け
■長崎
寒干漬け
■熊本
阿蘇高菜漬け
■鹿児島
山川漬け
桜島大根の粕漬け
■宮崎
生漬けたくあん
■大分
吉四六漬け
■沖縄
パパイヤ漬け
■京都
しば漬け
すぐき漬け
千枚漬け
■大阪
水茄子漬け
■兵庫
やたら漬け
■鳥取
砂丘らっきょう
漬け
■香川
そら豆漬け
■徳島
阿波たくあん
■愛媛
緋のかぶら漬け
■高知
ピーマン漬け
■岐阜
赤かぶ漬け
しな漬け
■福井
花らっきょう
■滋賀
日野菜漬け
■奈良
奈良漬け
■三重
伊勢たくあん
養肝漬け
■愛知
渥美たくあん
守口漬け
■和歌山
梅干し
紀の川漬け

松前漬け

乾物の昆布とスルメの細切りを醬油とみりんで漬けたもの。数の子やニンジンを加えることもある。

■青森

しそ巻き梅漬け

梅漬けの種を取り除いて、赤ジソで巻いたもの。古くからウメを栽培している津軽地方の名産品。

■岩手

金婚《きんこ》漬け

岩手特産の「かりもり」というウリを筒状にくり抜き、昆布で巻いたニンジン・ゴボウなどを詰めた漬物。味噌漬け、または醬油漬けにする。「きんこ」とは陸中海岸でとれるナマコのことで、ナマコに形が似ていることから名付けられた。

■宮城

長なす漬け

伝統野菜「仙台長なす」を丸ごと塩漬けにしたもの。小指ほどの大きさの細長いナスで、皮が軟らかく、鮮やかな紫色をしている。

■秋田

いぶりがっこ

ダイコンの水分を抜くために、囲炉裏の上に吊るして煙で燻《いぶ》してからぬか漬けにしたもの。表面が黒く色付いており、燻製のような香ばしい風味がある。

■山形

菊花漬け

山形名産の食用菊の花びらを塩漬けや醤油漬け、白梅酢漬けにしたもの。ニンジンや山菜などを混ぜることもある。

小なすのからし漬け

庄内地方特産の「民田なす」をからし漬けにしたもの。親指の先ほどの小ぶりなナスを丸ごと漬ける。鼻にツーンとくるからしの刺激が魅力的。

■福島

三五八《さごはち》漬け

塩・麴・米を三・五・八の割合で混ぜ合わせた漬け床に野菜を漬けたもの。野菜はキュウリ・ナス・ダイコン・ニンジンなど旬のものを使う。魚や肉を漬けることもある。

■群馬

かりかり漬け

群馬名産の梅を青いうちに塩で漬けたもの。カリカリとした食感が魅力。昭和四十年代に開発された新しい名産品。

## ■栃木

### たまり漬け

「たまり」にダイコン・キュウリ・ナスなどを漬けた日光の名産品。たまりとは、味噌の製造過程で生じる液体のことで、かつては調味料として料理に使われていた。濃いべっこう色に漬けあがる。

### 甘らっきょう漬け

栃木名産のラッキョウを砂糖やはちみつをベースにした調味液で漬けたもの。

## ■茨城

### 納豆漬け

水戸名産の納豆を使った変わり漬け。切干大根などの野菜を刻んで納豆と和え、醤油やみりんなどに漬けこんだもの。

■埼玉

しゃくし菜漬け

秩父特産の「しゃくし菜」を塩漬けにし、発酵させたもの。シャキシャキとした歯ざわりで酸味がある。そのまま食べるだけでなく、刻んで料理に加えたり、おにぎりを包んだりする。

■千葉

鉄砲漬け

ウリを筒状にくり抜いてシソや葉トウガラシなどを詰め、醤油漬けにしたもの。キュウリの鉄砲漬けもある。

小なすの麹漬け

親指大の小ナスを丸ごと麹ベースの漬け床に漬けたもの。松戸市の名産品で、麹の強い甘味が特徴。

## ■東京

### べったら漬け

ダイコンの皮をむき、麴・砂糖・塩を混ぜ合わせた漬け床に漬けたもの。毎年十月には東京・日本橋で「べったら市」が開催され、べったら漬けの露店が並ぶ。江戸時代から続く伝統の市で、べったら漬けを求めるおおぜいの人でにぎわう。

### 東京たくあん

ダイコンを干さずに、塩漬けにすることで脱水して作ったたくあん漬け。加工時間を短縮できることから、昭和三十年代の東京で漬物の工業生産化にともない普及した。従来のたくあん漬けよりも軟らかく仕上がり、現在では市販のたくあんの主流となっている。

### 福神漬け

元来はダイコン・ナス・カブ・ウリ・シソ・レンコン・なた豆を刻んで醤油ベース

の調味液に漬けたもの。東京・上野の「酒悦」主人・野田清右衛門が江戸時代初期に考案したものが全国に広まり、定番漬物となった。七種の材料を使うことから、七福神にちなんで「福神漬け」と名付けられた。

## ■神奈川

### 梅干し

小田原名産のウメを使った梅干し。小田原の梅干し生産の歴史は古く、戦国時代に兵糧用梅干し生産が始まって以来、ウメの栽培がさかんに行われてきた。梅干しのほか、小梅漬けなども名産品となっている。

### 桜の花漬け

八重桜の花を塩と梅酢に漬けたもので、小田原の名産品。鮮やかなピンク色が美しく、祝いの席で供される桜湯のほか、和菓子などに利用される。

■新潟

山海漬け

数の子と刻んだダイコンやキュウリなどを、ワサビを効かせた酒粕に漬けたもの。酒処の新潟では、魚なども粕漬けにすることが多い。

味噌漬け

キュウリ・ダイコン・ナス・ミョウガなどさまざまな野菜を越後味噌で漬けたもの。越後味噌は、米粒が混ざっていて赤い辛口の新潟産の味噌。

■富山・石川

かぶら寿司

輪切りにしたカブにブリの切り身を挟んで麹に漬け、じっくりと発酵させたもの。魚を米に漬けこみ発酵させる「なれ寿司」の一種。富山と石川両県の名産として有名。

■福井

花らっきょう

福井名産のラッキョウを甘酢漬けにしたもの。小粒で歯ごたえがよいのが特徴。

■山梨

甲州小梅漬け

山梨特産の「甲州小梅」を使った梅漬け。甲州小梅は小粒なわりに肉厚で、梅干しにも利用されている。

■長野

野沢菜漬け

長野特産の「野沢菜」を塩漬け、または調味漬けにしたもの。野沢温泉発祥。漬けてから日の浅いものは鮮やかな緑色だが、発酵が進むとべっこう色になり、それぞれちがった味わいが楽しめる。

わさび漬け

ワサビの根と茎を細かく刻み、塩漬けにして酒粕と混ぜたもの。長野ではワサビの産地である安曇野のものが有名。

すんき

木曽御嶽山麓《おんたけさんろく》の特産「王滝かぶら」の茎と葉を、塩を使わずに乳酸発酵させる非常に珍しい漬物。「すんき蕎麦」などの料理材料として利用される。

## ■岐阜

赤かぶ漬け

飛騨高山名産の赤かぶを、葉とともに、または葉を付けたまま塩漬けにしたもの。乳酸発酵による鮮やかな赤と酸味が特徴。甘酢漬けにしたものもある。

しな漬け

飛騨赤かぶ・ダイコン・キュウリ・ナスなどを刻んで塩漬けにしたもの。赤かぶの色素により全体が赤く染まっている。

■静岡

わさび漬け

長野県と同じく、ワサビの根と茎を細かく刻み、塩漬けにして酒粕と混ぜたもの。静岡では伊豆地方が名産地。

メロン漬け

熟す前に摘み取った小さいメロンを塩漬けや醤油漬け、粕漬けなどにしたもの。種が小さく軟らかいので、種ごと食べる。

■愛知

渥美たくあん

渥美半島で作られる昔ながらの製法のたくあん漬け。渥美半島はダイコンの栽培に適しており、ダイコン干しに適した気候でもあったため、戦後からたくあん漬けの一大生産地となった。現在は、伝統的なたくあん漬けのブランドとして知られている。

守口《もりぐち》漬け

ゴボウのように細長い「守口大根」を粕漬けにしたもので、名古屋の名産品。守口大根は愛知と岐阜の一部でしか栽培されていない伝統野菜であり、長いもので一八〇センチにも達する。

■三重

伊勢たくあん

伝統野菜「御園《みその》大根」をナスの皮・柿の皮・唐辛子などを入れたぬか床に二年以上漬けこんだもの。古くから伊勢参りの土産品として親しまれてきたと伝えられる。

養肝《ようかん》漬け

伊賀特産の「伊賀白瓜」を筒状にくり抜き、ダイコン・キュウリ・シソ・ショウガなどを詰めてたまり醤油に漬けたもの。戦国時代に武士の士気を高める（肝を養う）ための兵糧に用いられていたと言われる。

■滋賀

日野菜《ひのな》漬け

伝統野菜「日野菜」を、細長い根（カブ）ごと塩漬けや調味漬け、甘酢漬けなどにしたもの。カブはピンク色を帯びていて、葉の緑との対比が美しい。

さくら漬け

日野菜のカブを短冊切りにして酢漬けにしたもの。酢に反応してカブのピンク色が鮮やかになる。

## ■京都

### しば漬け

ナス・赤ジソ・ミョウガなど初夏の野菜を刻んで塩漬けにし、発酵させたもの。全体がシソの赤紫色に染まる美しい夏の漬物。京都大原で発祥し全国に広まった。

### すぐき漬け

伝統野菜「すぐき菜」をカブごと塩漬けにして、「室《むろ》」（暖房のきいた小屋）で発酵させたもの。上賀茂《かみがも》神社周辺で作られている伝統的な漬物。

### 千枚漬け

伝統野菜「聖護院《しょうごいん》かぶら」を薄く輪切りにして昆布とともに塩漬け、または甘酢漬けにしたもの。長期保存には適さず、漬けあがってから一週間程度で食べきるのがよい。

■大阪

水茄子漬け

泉州の伝統野菜「水茄子」を塩漬けやぬか漬けにしたもの。水茄子は江戸時代より泉州地方で栽培されており、他の地域では育たないと言われる。非常に水分が多く皮が薄いため、みずみずしい漬物になる。

■兵庫

やたら漬け

キュウリ・ナス・シソなど多種類の野菜の塩漬けを刻んで醤油漬けにしたもの。「やたらにおいしい」ことから名付けられたと言われる。山形にもよく似た「やたら漬け」があり、名物となっている。

■奈良

奈良漬け

ウリ・キュウリ・小スイカなどを粕漬けにしたもの。何度も漬け替えることで透明感のあるべっこう色に仕上げる。日本最古の漬物の記録として「ウリの粕漬け」を意味する記録が平城京跡から発見されており、非常に歴史のある漬物と考えられている。

## ■和歌山

### 梅干し

日本一の生産量を誇る紀州梅を梅干しに加工したもの。紀州は江戸時代よりウメの栽培がさかんになり、明治時代には軍用需要が急増したことを受け、商品化が発展した。戦後は、最高級品種とされる「南高梅《なんこう》」が開発されブランド化している。

### 紀の川漬け

和歌山特産の「紀州大根」を塩とフスマ（小麦の皮）の漬け床に漬けたもの。あっさりした甘味がある。昭和三十年代に誕生した新しい名産品。

■鳥取

砂丘らっきょう漬け

鳥取砂丘名産のラッキョウを甘酢などに漬けたもの。砂地で栽培されたラッキョウは色が白く、歯ごたえがよいのが特徴。

■島根

津田かぶ漬け

松江を中心に栽培されている「津田かぶ」を塩漬けやぬか漬け、甘酢漬けにしたもの。津田かぶは勾玉のように曲がった形をしており、濃い紅色の皮が特徴。

■広島

広島菜漬け

太田川上流で栽培されている伝統野菜「広島菜」を塩漬けにしたもの。幅広く大きな葉とピリッとした香気が特徴。浅漬けのものと発酵させたものがある。

■山口
寒《かん》漬け
宇部地方の伝統的な漬物。干したダイコンを海水に漬けたのち、寒風にさらしてから木づちで叩き平らにのばす。その作業を春までくりかえしてから、醤油ベースの調味液に漬けこんで発酵させる。

■香川
そら豆漬け
そら豆を炒ってから醤油漬けにしたもの。醤油の生産地・小豆島の名産品。地元では「醤油豆」と呼ばれて親しまれている。

■愛媛
緋のかぶら漬け
伝統野菜「伊予緋かぶ」を塩漬けにしたのち、ダイダイの果汁に砂糖を加えて漬けたもの。カブの色素がダイダイ酢に反応して、鮮やかな緋色になる。

■徳島県

阿波たくあん

吉野川流域などで栽培されている名産のダイコンを使ったたくあん漬け。明治中期より生産され始め、大正から昭和初期にかけて全国一の生産量を誇った。現在も伝統的な製法を守る少数の生産者により作られている。

■高知

ピーマン漬け

高知名産のピーマンを醤油やみりんなどで漬けたもの。

■福岡

高菜漬け

伝統野菜「三池高菜《みいけ》」を塩漬けにし、発酵させたもの。鷹の爪を効かせた調味漬けにする場合もある。野沢菜、広島菜とともに三大菜漬けに数えられている。特有の辛味があり、発酵が進んだものは油炒めなどの料理によく利用される。

■佐賀

鯨軟骨粕漬け

クジラの頭部軟骨を粕漬けにしたもので、独特の風味と歯ごたえがある。明治中期より商品化されたが、現在では貴重品となっている。

■長崎県

寒干《かんぼし》漬け

丸干しにして貯蔵したダイコンを、手作業で、もしくは機械で薄切りにして醤油漬けにしたもの。

## ■大分県

吉四六《きっちょむ》漬け

大分県玖珠《くす》町でつくられている根菜類の調味漬け。ダイコン・ニンジン・キュウリなどを下漬けし、脱塩してからもろみ味噌に漬けこむ。コリコリとした歯ごたえが特徴。

## ■熊本

阿蘇高菜漬け

伝統野菜「阿蘇高菜」を塩漬けにして発酵させたもの。阿蘇山近辺の高冷地、火山灰土壌で栽培される阿蘇高菜は、茎が細くて軟らかく、独特の辛味がある。

## ■宮崎

生漬けたくあん

ダイコンを干さずに生のまま塩漬けにし、ぬか漬けに仕上げたたくあん漬け。干しダイコンで作るより軟らかく、パリパリとした歯ざわりを楽しめる。宮崎は干しダイコンの一大産地で、伝統的なたくあん漬けの名産地でもある。

## ■鹿児島

### 山川《やまがわ》漬け

よく干したダイコンを杵でついて軟らかくし、カメ壺で塩漬けにしたもの。あめ色になるまで六か月以上発酵・熟成させる。一方、タンク漬けした後に薄切りにして醤油漬けにしたものが「つぼ漬け」で、山川漬けよりも発酵・熟成の程度は浅い。

### 桜島大根の粕漬け

伝統野菜「桜島大根」を粕漬けにしたもの。何度も漬け床を替えて、あめ色になるまでじっくりと漬ける。桜島大根の白くて軟らかい肉質を生かし、スライスしたものを甘酢などに漬けた浅漬けもある。

## ■沖縄

### パパイヤ漬け

未熟な青いパパイヤを半分に切り、種を取り除いて粕漬けや味噌漬けにしたもの。あるいは、薄切りにして醤油・黒砂糖・酢などを混ぜた調味液に漬けたものもある。

# 作って楽しい漬物料理

そのままでもおいしい漬物ですが、料理の材料に加えると、さらに新たな魅力を引き出すことができます。漬物ならではの複雑な風味がプラスされると、料理の味はより奥深いものになります。また、漬物の歯ごたえが料理のよいアクセントとなります。日本料理だけでなく、洋食や中華料理にも意外とマッチします。

漬物が余ってしまったとき、あるいは漬けすぎて食べにくくなってしまったときにも、料理にするのがおすすめです。ポイントは、漬物の塩分を考慮して、味付けを加減すること。塩辛い漬物は、水でさらして塩抜きしてから使いましょう。

漬物の魅力を存分に味わうために、そしてマンネリになりがちな料理の味に変化をつけるために、ぜひいろいろな漬物料理にチャレンジしてみてください。

■サラダに

いつもの野菜サラダに、生のキュウリではなく、キュウリの塩漬けやぬか漬けを薄切りにして加えます。生野菜とはちがう歯ざわりがあり、ほんのり塩味が付いているところが新鮮に感じられます。ドレッシングの量はいつもより控えめにするとよいでしょう。ダイコンやカブ、ニンジンの浅漬けもよく合います。

あるいは、ポテトサラダにキュウリやナス、ダイコンなどの調味漬けの古漬けを刻んで入れます。古漬けの強い味がマヨネーズでマイルドになり、おいしいものです。

■スープに

白菜漬けや高菜漬け、野沢菜漬けの発酵したものをスープに入れると、発酵により生み出されたうま味成分の数々が、スープに溶け出して出汁《だし》代わりになります。澄んだスープなら、洋風でも中華風でもよく合います。発酵が進んで変色し、すっぱくなった漬物のほうがおいしくなります。

白菜漬けは、鍋料理に入れるのもおすすめです。とくに肉の鍋は、さっぱりと食べられるようになります。キムチを入れると、おなじみのキムチ鍋になります。

## ■炒め物に

古漬けや発酵の進んだ漬物は、油で炒めるとおいしくなります。ダイコンやゴボウ、ナスの味噌漬けや高菜漬けを刻んで豚肉と炒めると、ご飯がすすむおかずになります。たくあん漬けが余ってしまったら、細切りにして油で炒め、ゴマやけずり節をかけると、飽きずに食べられます。

岐阜の飛騨高山には「漬物ステーキ」という郷土料理があります。これは、古くなった白菜漬けを油で炒めて、卵とじにしたものです。漬物を主菜にするために考案された家庭料理だと思われます。

## ■揚げ物に

かき揚げを作るとき、タマネギやニンジン、桜エビなど定番の材料に加え、古漬けも混ぜこみます。漬物の塩味がちょうどよい味付けになり、食感も楽しいかき揚げになります。ダイコンやキュウリ、ナス、ゴボウの調味漬けなど、水分の少ない漬物を選ぶとよいでしょう。

## ■ご飯物に

チャーハンに高菜漬けを加える「高菜チャーハン」はよく知られていますが、奈良漬けや味噌漬けを細かく刻んで入れると、思いがけない味わいになります。

ぬか漬けやしば漬けを刻んで温かいご飯に混ぜ合わせると、手軽な混ぜご飯になります。また、酢飯に合わせると一風変わったちらし寿司になります。漬物は生野菜よりも水分が少なく、味が染みているので、ご飯に混ぜても違和感がありません。色どりのよい漬物を使えば、見た目にも華やかになり、ごちそう風になります。

色も形も美しく漬けあがったナスやミョウガがあれば、握り寿司のネタにするのも面白いものです。

■ソースに

つぶしたゆで卵にマヨネーズを加えたタルタルソースには、ふつう刻んだピクルスを入れます。これをラッキョウの甘酢漬けや奈良漬け、すっぱくなったぬか漬けなどに代えると、まったくちがった味を楽しめます。このタルタルソースは、魚介類のフライに添えるだけでなく、野菜スティックにも合います。

しゃぶしゃぶなどに使うポン酢に、梅干しをすりつぶして加えると、さっぱりして食欲が増します。野菜の和え物などに梅干しを練って加えたり、梅酢を使ったりするのもおすすめです。魚貝を使った和え物には、わさび漬けを加えるとよく合います。

■薬味に

納豆や冷ややっこの薬味に、漬物を使います。漬物は何でもよく、数種類を混ぜてもよいでしょう。イカやアジの刺身を和えるのもよいものです。ぜひ、いろいろな漬物で試してみてください。

# おわりに

「和食」は二〇一三年、ユネスコ無形文化遺産に登録されました。

無形文化遺産とは、芸能や伝統工芸技術などの形のない文化であり、土地の歴史や生活風習などと密接に関わっているもののことです。日本はその無形文化遺産に登録申請するにあたり、次の四点を和食の特徴としました。「多様で新鮮な食材とその持ち味の尊重」「栄養バランスに優れた健康的な食生活」「自然の美しさや季節の移ろいの表現」「年中行事との密接な関わり」です。

日本の国土は南北に長く、海、山、里と異なる自然形態を持つことから、四季折々に多様な食材が生まれます。その食材から地域ごとに独特の食文化が生まれ、今日まで受け継がれてきました。漬物もまた、そのひとつです。

これまでお話ししてきたように、全国には、その土地ならではの食材や調味料を使った伝統的な漬物が数多くあります。それは和食の栄養バランスをさらによくするものであることも、先に述べたとおりです。

そして、近年の低塩漬物は、野菜本来の持ち味を生かしており、自然な美しい色を持ち、季節の移ろいを感じさせます。漬物は、まさに無形文化遺産にふさわしい文化のひとつなのです。

そんなすばらしい食文化を持つ日本人は、しかし毎日和食を食べているわけではありません。洋食や中華料理、エスニック料理など、日替わりでさまざまな料理が食卓にのぼります。世界と比べても、実に豊かで楽しい食卓です。

ただ、健康面で言えば、やや心配な面もあります。和食は野菜と魚を多く使い、かなり低脂肪です。和食ほどヘルシーな食事は、世界にはなかなか見あたりません。日本人は世界一の長寿国ですが、現在のような食生活を続けていると、その地位は危うくなるかもしれません。

そこで、毎日の食卓に漬物を加えてはいかがでしょうか？　どんなメニューであっても、漬物が一皿あることで、野菜の栄養をプラスすることができます。家族の誰かが食欲がないときでも、ご飯がすすみます。先に述べたとおり、塩分も気になるほどではありません。

なんといっても、食卓に漬物があると、心がホッとします。メイン料理が洋食でも中華料理でも、「日本の家庭の食卓」になるからでしょう。日本人が古くから受け継いできた食文化の力がここにあります。

この漬物文化のすばらしさ、現代の漬物の進化した姿を、次世代にも伝えていけたらと願ってやみません。

参考文献リスト

「乳酸菌でカラダいきいき　おウチでぬか漬け」宮尾茂雄著　日東書院
「漬物の驚くべき効用」小川敏男著　チクマ秀版社
「お漬物だいすき」総合ガイド08年版　日之出出版
「漬けものの絵本」1巻　宮尾茂雄編・おくはらゆめ絵　農文協
「みんなで調べて作って食べよう！5　漬け物」カリタス小学校監修・藤崎友美文　金の星社
「日本人と漬物」前田安彦著　全日本漬物協同組合連合会
「漬物屋さんが書いた漬物の本」鎌田政明著　三水社
「日本の伝統　発酵の科学」中島春紫著　講談社
「漬物の機能と科学」前田安彦・宮尾茂雄編　朝倉書店
「漬物入門」宮尾茂雄著　日本食糧新聞社

協力　全日本漬物協同組合連合会

**宮尾茂雄**（みやお しげお）

東京家政大学大学院客員教授　農学博士

東京農工大学農学部卒業。東京都農業試験場食品研究室、東京都立食品技術センター副参事研究員、東京家政大学家政学部教授を経て、現在東京家政大学大学院客員教授。四川大学客員教授(中国)。教鞭をとる他、漬物博士としても知られ、マスコミでも広く活躍、漬物の機能性について分かりやすく説く。主な著書として「中国漬物大事典」（幸書房）「乳酸菌でカラダいきいき　おウチでぬか漬け」（日東書院）「漬物入門」（日本食糧新聞社）「微生物学ハンドブック」（技報堂出版）など。

---

# 「漬物の力」はなぜスゴイ？

2024年12月27日　初版発行

著者　宮尾茂雄

発行　株式会社 キクロス出版
〒112-0012　東京都文京区大塚 6-37-17-401
TEL.03-3945-4148 FAX.03-3945-4149

発売　株式会社 星雲社（共同出版社・流通責任出版社）
〒112-0005　東京都文京区水道1-3-30
TEL.03-3868-3275 FAX.03-3868-6588

印刷・製本　株式会社 厚徳社

プロデューサー　山口晴之　ライター　伊藤あゆみ

本文イラスト　いとうびわ　装丁　山家ハルミ



---

ISBN978-4-434-35271-3 C0077

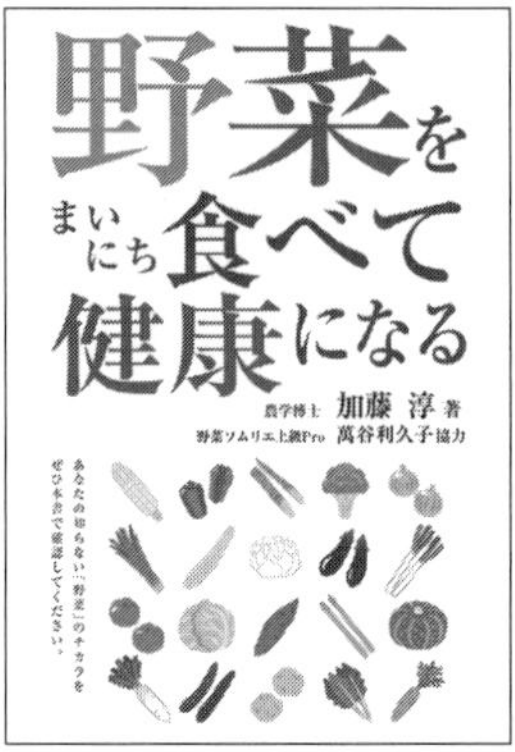


農学博士
加藤　淳 著
野菜ソムリエ上級Pro　萬谷 利久子 協力
四六判 並製・本文 192 頁／定価 1,320 円（税込）

「食育」とは、食を通して生きることを学ぶことです。毎日の食卓に上る身近な野菜が、誰によって育てられたものなのか、どのようにして栽培されたものなのか、環境問題も含めた食の背景を知り、その野菜を育てた自然に感謝し、食べることのできる喜びを感じられる心を育てること、このことが本来の食育につながるものと思われます。

農政ジャーナリスト
たに りり 著

A5判 並製・本文 376 頁／定価 2,970 円（税込）

地球温暖化やコロナ禍、地政学的リスクなど不確実性の時代を生き抜くヒントは、「稲作とお米」にあった！お米のプロたちへの取材からみえてきたのは、食卓と里山をつなぐサステナブルな視点。そして、稲作二千年の歴史で日本人が培ってきた「日本型SDGs」から、日本の向かうべき方向が浮かび上がる。農家、ＪＡ、農水省・地方自治体、農業ベンチャー、米穀店などコメ・ビジネス、炊飯器メーカー・食品メーカーなどの企業、中学入試問題の出題者など、幅広い事例を収録。

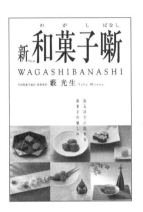

医学博士 **滝澤行雄**

四六判並製・本文152頁／定価1,320円（税込）

今日、時代の流れとして健康志向が高まり、飲酒のあり方も大きく変化し、以前のように酒の味や酔いを楽しむだけの時代から、酒は料理をおいしく、楽しく味わうための名脇役とさえ考えられるようになりました。日本酒と料理の相性から食事の質が健康的であれば、飲酒量もより適正になってきます。最新の医学は健康と長寿に飲酒が予想以上の薬効を示すことから、少子高齢化社会の医療・介護の問題が予防可能な生活習慣病などの１次予防に尽きるとすれば、まさに日本酒の出番だと言っても過言ではありません。（「はじめに」より）

農学博士　　絵本作家
**加藤淳　そら** 共著

A5判 並製・オールカラー 64 頁／定価 1,320 円（税込）

かつて「蝦夷地」と呼ばれていたこの大地が、「北海道」と命名されてから150年の月日が流れました。幾たびもの冷害に見舞われ、畑の作物が壊滅的な打撃を受けても、再び立ち上がり、現在の農業王国を築きあげました。北海道ではどのようなやさいが作られているのでしょうか。北海道のやさいはどうしておいしいのでしょうか。さあ、北海道の観光PRキャラクターの「キュンちゃん」と一緒に、おいしい旅に出かけましょう。（はじめにより）